V
29987

SALON

DE

MIL HUIT CENT VINGT-QUATRE,

OU

COLLECTION DES ARTICLES INSÉRÉS AU CONSTITUTIONNEL,

SUR L'EXPOSITION DE CETTE ANNÉE;

Par M. A. THIERS.

PARIS.

2436

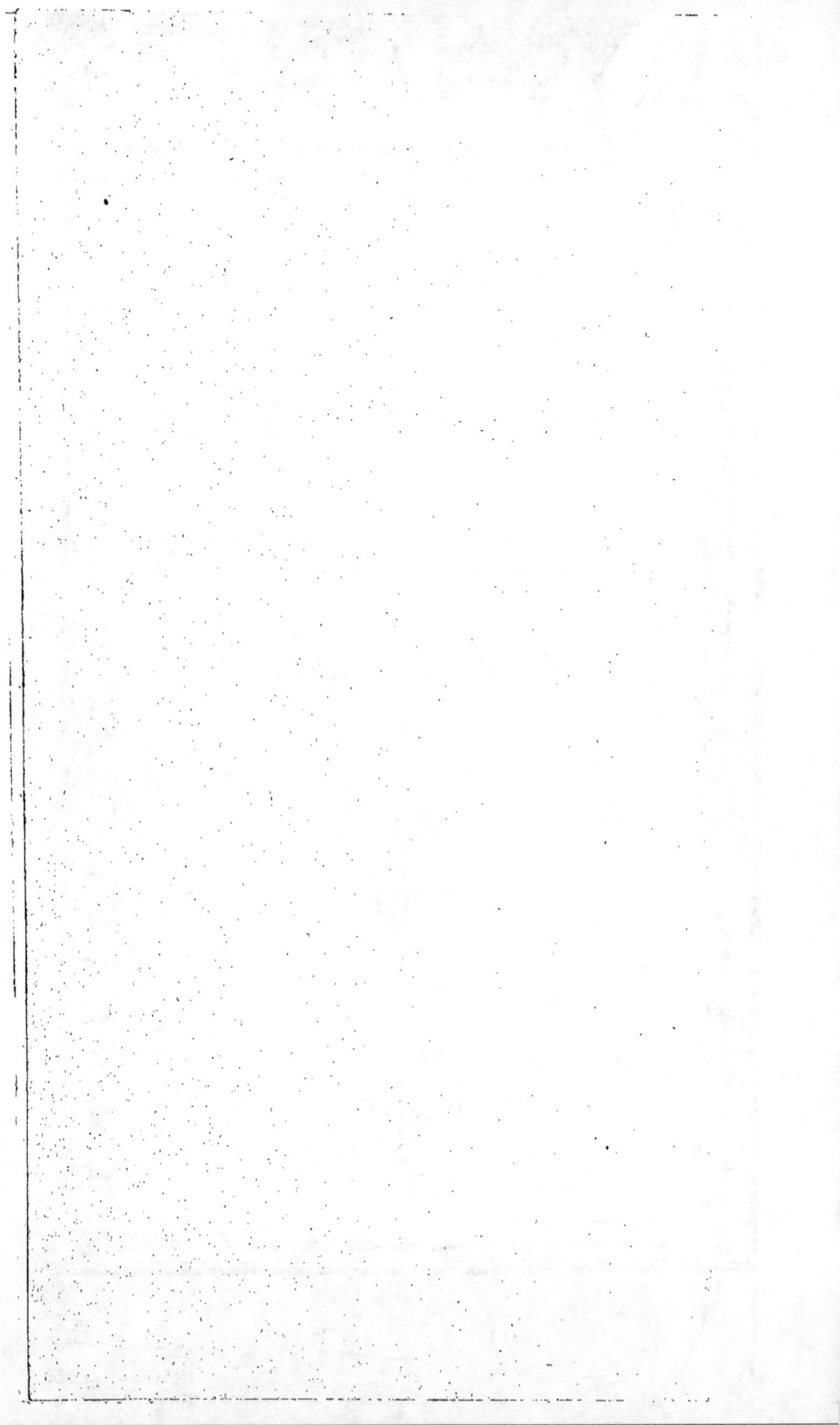

SALON

DE

MIL HUIT CENT VINGT-QUATRE.

SALON

DE

MIL HUIT CENT VINGT-QUATRE,

OU

COLLECTION DES ARTICLES INSÉRÉS AU CONSTITUTIONNEL,
SUR L'EXPOSITION DE CETTE ANNÉE;

P_{AR} M. A. THIERS.

PARIS.

SALON

DE

MIL HUIT CENT VINGT-QUATRE

....

I.

Une révolution se déclare aujourd'hui dans la peinture comme dans tous les arts, et déjà les « immobiles » se lamentent et crient à la barbarie. Ils déclarent que la peinture est perdue en France; que les bonnes traditions sont abandonnées; qu'on délaisse l'*histoire* pour le *genre;* que ceux mêmes qui cultivent encore l'histoire renoncent au grand style pour un style pauvre et sans noblesse, et que « les dieux s'en vont ». En vain leur dit-on qu'il ne faut pas enchaîner le génie dans les limites immuables d'un style obligé; que, ne voulant plus de froides copies de ce qui a été déjà fait, on doit permettre aux artistes de se livrer à leurs impressions personnelles pour produire des ouvrages nouveaux; que, s'il en est qui échouent dans cette tentative, peu importe; qu'il n'est pas dans les lois de l'humanité que tous arrivent au but; mais qu'au contraire, d'après ces lois, un certain nombre doit s'égarer, un autre approcher à demi-portée du but, et peut-être deux ou trois sur plusieurs mille atteindre le but lui-même.

On ajoute, sans les convaincre, que depuis la servile imitation des statues antiques on n'a vu en France que des compositions stériles et dépourvues d'expression; que les seules remarquables, dans ces dernières années, sont en dehors du système actuel de l'Académie; que les plus récentes de M. Gérard ne sont pas les moins éminentes de ce grand artiste; que les ouvrages si originaux et si vrais de M. Hersent, ceux de l'infortuné Géricault, enlevé si jeune à la France qu'il aurait honorée, que les mille tableaux de M. Horace Vernet, ne tiennent en rien de l'école des statues et des bas-reliefs; et qu'enfin ces ouvrages, pleins d'un goût élevé, grand et sévère, s'éloignent du modèle des *Sabines et des Horaces*, et cependant n'en sont pas moins très beaux.

Malgré tous ces raisonnements assez concluants, les « immobiles » ne cessent de se lamenter. Vous les contraignez à marcher, ils le sentent; la rive chérie du passé s'éloigne d'eux, ils la saluent de leurs clameurs. Pour certains hommes, les horloges elles-mêmes ont tort : le temps devrait cesser de s'écouler et la nature devrait s'immobiliser pour eux.

De toutes parts, vous entendez crier que nous revenons au *Boucher*, au *Mignard*. Ce serait un malheur, car ce que je connais de plus déplorable dans les arts, ce sont les expressions fausses, minaudières, de l'école du dernier siècle. S'il faut s'immobiliser dans un style, celui où s'étaient fixés les peintres de cette école est le plus misérable de tous; et si l'on était tenu de choisir un champ d'éternel repos, j'aimerais mieux rester dans le champ de l'antique; j'aimerais mieux que l'art nous donnât éternellement de froides et insignifiantes copies du *Léonidas*, du *Socrate* et des *Sabines*, que des copies du « gentil Boucher ». Grâce au ciel, nous n'en sommes pas là; nous ne sommes pas obligés de disputer sur le lieu où nous devons définitivement prendre terre. Nous devons marcher, marcher sans cesse, laisser en arrière ceux qui s'égarent, et tendre vers un but toujours nouveau et plus éloigné.

Le cri de l'indépendance s'est fait entendre aux artistes. Chacun a pris la route qu'il préférait. Tel aimait les belles formes du *Romulus* et du *Léonidas*, ou le grand et profond caractère des peintures du xvie siècle; tel autre préférait les scènes de nos mœurs et ne haïssait pas nos costumes; et chacun, suivant son penchant, nous

a donné divers styles, divers genres, et s'est livré
à son goût, à ses risques et périls. Sans doute,
dans ces voies diverses les chutes seront nom-
breuses. Il y aura des visages rendus niais par
la recherche de la naïveté, et communs par excès
de naturel. Tel qui aura cherché la grâce, aura
trouvé la coquetterie ; tel autre, touché par la
sublimité, la profondeur, la richesse de Michel-
Ange, ne produira que du bizarre ; tel autre,
pour ne pas copier David, n'aura donné que du
Jouvenet, moins le génie. Cette poursuite du
succès dans les arts donnera de tout cela ; mais
pourquoi ne pas souffrir les inconvénients de
la liberté, et ne pas tolérer une indépendance
qui, au prix du mal, du faux et du ridicule, produit le bien, le vrai et le sublime ? Pourquoi ne
pas consentir à ce que la médiocrité dans les
arts soit immolée au succès du génie ?

Et, il faut en convenir, les amis gémissants
du « grand style » n'ont pas trop à se plaindre du
Salon actuel. Certes, il y a des essais éminemment originaux, qui méritent toute leur haine et
justifient leurs craintes ; mais, qu'ils l'avouent,
il y a bien assez de statues, bien assez de Grecs
et de Romains pour les satisfaire. N'y a-t-il pas
assez de nymphes bien lisses, bien longues,
bien violettes ; de Romains bien droits, bien
roides, bien sculptés ? N'y a-t-il pas assez de nez
et de fronts grecs ? N'y a-t-il pas suffisamment

de gris, de bleu et de violet sur une partie des toiles de l'Exposition? N'est-ce pas assez de tant de correction et d'effets lumineux pour les rassurer sur l'état du goût, et ne voient-ils pas que la barbarie qui introduira un peu plus de mouvement, d'expression, de naturel dans nos statues peintes, est encore assez éloignée pour qu'ils puissent prendre un peu de repos?

On ne saurait donc nier que, dans l'Exposition actuelle, tous les goûts ont leur part, tous les styles ont leurs sectateurs, et que s'il n'y a point de genre exclusivement suivi, il n'y a point de genre entièrement abandonné. Et certes, rien n'est plus heureux que cette variété, caractère essentiel de l'école actuelle. Des détracteurs obstinés pourront se plaire à décrier le Salon de 1824; mais des juges impartiaux, qui ont vu tous les Salons depuis vingt ans, de grands artistes qui ont brillé dans tous, soutiennent que le Salon actuel n'est pas l'un des moins remarquables qu'on ait vus, et au jugement de certains hommes, c'est le plus original. Il est incontestable d'abord que l'exécution a prodigieusement gagné; car tout ce qui tient au matériel des arts se perfectionne avec la pratique, c'est-à-dire avec le temps. Cette couleur grise et violette, que les étrangers nous reprochent avec tant de raison, s'est singulièrement modifiée. Cet éclat affecté des lumières, ces coups

de soleil éblouissants, portés sur le milieu des
tableaux, tout cela est corrigé. Cette manière
lisse et uniforme de peindre une toile, a fait
place à une exécution plus variée, plus hardie
et mieux appropriée aux diverses parties d'un
sujet. Enfin, et c'est ici le grand motif de reproches, on a songé à être plus vrai, moins ar-
rangé dans les compositions, moins académique
dans le style.

Il n'y a qu'à citer en effet les principaux ouvrages exposés au Salon cette année : un tableau dans lequel M. Gérard, en peignant la
Cour de Louis XIV, a résolu le grand problème
de rendre l'histoire fidèle et en même temps
noble, rigoureusement exacte et cependant poétique; de montrer avec des visages ressem-
blants, des perruques, des talons rouges, une
scène grande et pittoresque. Ce tableau est un
progrès tout à fait nouveau dans l'art, et révèle
le grand maître. Quinze à vingt toiles d'histoire, exposées par nos jeunes artistes, ont des
qualités réelles, et trois ou quatre, des beautés
du premier ordre : un *Massacre des Grecs de
Chio*, du jeune Delacroix, qui a tenu et dé-
passé toutes les promesses données par son tableau du *Dante*, et qui, à côté du désordre d'une
imagination forte se possédant peu encore,
nous montre des expressions déchirantes, des
groupes admirables et des effets de couleur

étonnants; un autre tableau, de M. Sigalon, artiste encore ignoré, qui a représenté une *Empoisonneuse romaine* essayant sur un esclave le poison destiné à Britannicus. Dans ce tableau, plein de profondeur et de simplicité, M. Sigalon a réuni à la composition le dessin, la couleur, et a produit un ouvrage presque irréprochable et d'un mérite consommé; un *Gaston de Foix*, par M. Scheffer, où se trouvent réunies, au mérite d'un style simple et sévère, une composition grande, des expressions profondément senties; plusieurs ouvrages de MM. Schnetz et Cogniet, pleins de vérité, de sentiment; enfin, une foule de tableaux de genre du premier mérite : deux ouvrages de M. Granet, qui a joint à des intérieurs admirables des scènes charmantes, empreintes de tout le génie italien; deux grands paysages historiques de M. de Forbin, représentant *Palmyre* et *Thèbes*, dignes de ces magnifiques ruines et éclatants comme le soleil qui les éclaire; plusieurs batailles, où M. Horace Vernet a déployé tout son feu et un art surprenant; de beaux morceaux de sculpture et un groupe colossal de M. Raggi, aussi noble que pathétique; tels sont les ouvrages qui distinguent le Salon actuel, et qui doivent lui mériter une place parmi les plus remarquables qu'on ait vus depuis quinze ans.

Cette exposition révèle à merveille le mouvement qui a éclaté depuis dix années, et l'essor extraordinaire que les esprits, immobilisés un instant sous l'Empire, ont reçu depuis le renversement du système militaire. Une seule direction fut donnée pendant quinze ans aux lettres, aux arts, aux sciences; mais aujourd'hui, l'esprit français, abandonné à lui-même, s'est livré à tous ses penchants, à toutes ses espérances, et a cherché partout les routes du vrai et du beau. Quelle vaste instruction s'est répandue depuis dix années, grâce aux discussions du gouvernement représentatif! que d'essais littéraires ont été tentés, grâce aux disputes sur les doctrines poétiques! que de nouvelles appréciations du passé ont été données, grâce aux recherches et aux controverses historiques! et dans les arts, quelle variété, quelle nouveauté de sujets, grâce à l'affranchissement du joug académique qui commence à s'opérer! Dans les arts, comme dans les choses positives, nous avons aujourd'hui une longue expérience pour nous éclairer. Il est vrai que les faits passés, si utiles dans les sciences ou dans la politique, sont quelquefois un obstacle dans les arts, où les précédents refroidissent le génie au lieu de l'enflammer. Il est vrai que, balancés entre les modèles antiques, entre Raphaël, Michel-Ange, le Poussin et nos derniers maîtres, nos jeunes artistes peuvent être embarrassés de savoir à

qui entendre, et demeurer incertains de leur
route. Mais il faut espérer que, loin de mourir
aux pieds de ces modèles, ils ne feront que
s'inspirer à leur aspect, et qu'ils puiseront dans
leur comparaison des lumières, du courage et
une raison qui n'excluent pas le génie.

....

II.

MM. Sigalon et Delacroix.

La foule s'est portée au Salon, et, malgré les
« immobiles », que tout changement irrite,
malgré les détracteurs qui blâment par bel air,
et les ignorants qui répètent ce qu'ils entendent
dire, la majorité des juges et du public s'est
accordée à déclarer fort belle l'exposition de
cette année. Sans doute, on peut compter quinze
ou dix-huit cents tableaux médiocres ou mau-
vais ; mais aurait-on l'ambition de réunir deux
mille chefs-d'œuvre? Trois ou quatre tableaux
d'histoire éminents, vingt ou trente pleins de
qualités remarquables, des morceaux de genre
admirables, une exécution rare, une couleur
singulièrement améliorée, une variété de sujets
extraordinaire et une liberté d'esprit unique
encore dans l'histoire des arts : tout cela ne
constitue-t-il pas un mérite suffisant pour une
exposition? Pourquoi donc affliger par de sottes
critiques quatre ou cinq cents jeunes artistes,
et payer deux années d'efforts par un dédain ou
ignorant ou affecté?

Je ne veux certes pas leur inspirer un espoir
ridicule ; je ne leur dirai pas qu'ils peuvent

égaler la richesse, la naïveté, la sublimité des
maîtres italiens; fallût-il, pour les encourager,
leur dire ce mensonge, je ne le ferais pas;
car, bien que j'estime l'espèce humaine de nos
jours comme aussi bien organisée que celle du
xvᵉ siècle, je ne crois pas qu'il y ait deux peuples comme le peuple italien, et deux époques
comme le xvᵉ siècle. La race italienne est la
race *pantomime* par excellence; et la généra-
tion italienne du xvᵉ siècle, dévote, enthou-
siaste et riche à la fois, s'est trouvée, au sortir
des guerres civiles, dans des circonstances qui
ne se reproduiront jamais. Je crois donc qu'il
faut laisser les Italiens à part; mais tous les
peuples ont leur imagination, leurs yeux, leur
génie. S'il y a eu des peintres en Italie, il y en
a eu en Flandres, en Espagne, en France; et
les noms de Rubens, de Murillo, du Poussin
doivent rassurer quiconque n'est pas né au delà
des monts, sous le soleil d'Italie, aux bords de
l'Arno, au pied du Colisée ou du Vésuve.

Ainsi, sans encourager nos artistes par un
mensonge, et sans leur promettre qu'ils égale-
ront l'Italie, on peut leur dire que l'art n'est pas
interdit à la France, que le génie de la France
est beau, qu'il l'a été, qu'il peut l'être encore,
et qu'ils ne sont pas dégénérés eux-mêmes de
ce qu'étaient les peintres il y a quinze années.
Sans doute la peinture est différente aujour-

d'hui; mais elle n'est pas inférieure, et c'est un incontestable avantage de différer sans déchoir. C'est pour n'avoir pas voulu différer d'eux-mêmes et se modifier, que les Italiens, si sublimes il y a deux siècles, sont aujourd'hui des copistes si froids, si médiocres, si dégénérés. La peinture française, au contraire, a eu le mérite de se transformer sans cesse avec le temps et d'en suivre les progrès. Dévote et grave avec les Le Sueur et les Poussin; hardie, mais téméraire, avec Jouvenet; affectée et pleine de coquetterie avec Boucher; retournant à la nature avec Greuze et Vernet; s'élevant jusqu'à l'idéal avec David, elle a été variée comme notre génie, modifiable et perfectible comme lui, et elle s'est soutenue en ne s'arrêtant jamais. Et c'est ce mérite de ne pas se fixer à un style et de ne pas mourir avec lui qu'on voudrait lui ravir en arrêtant ses pas!

Qu'on laisse donc cette heureuse nation française, à laquelle il a été donné de vivre sous tous les climats, de briller à toutes les époques, d'exceller dans tous les arts; qu'on laisse cette nation, dont la qualité dominante est d'être extrêmement modifiable, changer ses arts, en renouveler le caractère suivant les circonstances et les temps. L'Italie a eu une admirable époque, mais une seule; la Flandre, l'Espagne, n'en ont eu qu'une aussi. Laissez la France, en

avoir trois ou quatre, s'il lui est donné d'en
avoir une quatrième.

Je ne m'occuperai pas aujourd'hui du tableau
de M. Gérard, qui est là pour attester le progrès de l'art. Un maître peut attendre, et je
me hâte d'arriver à ces jeunes artistes que la
gloire n'a pas encore visités, et auxquels il faut
se presser de donner les témoignages publics
dont ils sont justement impatients.

Les noms répétés, cette année, avec le plus
d'honneur sont ceux de MM. Sigalon, Delacroix,
Scheffer, Schnetz et Cogniet. Il en est d'autres
cités encore avec de grands éloges ; mais ceux
que je viens de désigner sont les plus remar-
qués. Je parlerai d'abord de MM. Sigalon et
Delacroix.

Narcisse, préparant la mort de Britannicus,
s'est adressé à l'empoisonneuse Locuste ; elle a,
dit-il,

> Elle a fait expirer un esclave à mes yeux,
> Et le fer est moins prompt pour trancher une vie,
> Que le nouveau poison que sa main me confie.

M. Sigalon, avec un tact rare, a su pressen-
tir dans ces trois vers un sujet qui produirait à
la fois et de grands développements de pantomime et une profonde impression morale.

Narcisse, assis sur les degrés d'un escalier,
la tête appuyée sur sa main, regarde avec attention un malheureux qui, étendu sur la terre,

s'agite violemment. C'est un esclave expirant avec soumission aux pieds de ses horribles maîtres, et qui leur sert à augurer la rapide mort de Britannicus. Se repliant sur lui-même, enfonçant la main dans ses flancs, il semble chercher la douleur au fond de ses entrailles et vouloir l'en arracher. A ses côtés est le vase qui a versé la mort dans son sein; et l'infâme Locuste, pâle, maigre, décharnée, mais d'une laideur sinistre et grande, s'incline sur l'épaule de Narcisse, et, lui montrant l'esclave, semble lui dire : « Voyez, il expire, et Britannicus, Britannicus expirera de même. » Une infernale satisfaction éclate dans sa bouche entr'ouverte. Quelques nuages sombres, une ruine, un serpent qui se glisse à travers les décombres, un hibou qui s'envole, composent un fond simple et demi-allégorique, qui achève l'effet de cette scène lugubre. Ce Narcisse, attentif à un crime; cette empoisonneuse qui étale son habileté, cet esclave qui expire sans révolte, sans épuiser ses dernières forces sur ses assassins; ce Britannicus dont on voit la mort dans celle de l'esclave, cette cour où se méditaient de tels crimes, cette Rome où l'on faisait de tels usages de l'homme, où on le jetait dans l'arène pour y servir de pâture à des tigres, où on l'enduisait de résine pour éclairer, en brûlant, les orgies des empereurs, tout cela se retrace à la fois, à la vue de ce tableau profond qui réveille une multitude de réflexions et de souvenirs.

Le choix de ce sujet annonce déjà chez l'auteur un tact supérieur; la disposition en est parfaite. Narcisse assis et pensif; Locuste debout et s'inclinant vers Narcisse, et montrant du doigt l'effet de son art; l'esclave renversé avec une hardiesse de raccourci extraordinaire, composent l'ensemble de lignes le plus heureux et le plus pittoresque. Le dessin, noble sans être académique, est d'une vérité frappante dans le corps tourmenté de l'esclave; il est horrible et poétique dans Locuste, et beau encore dans le sein décharné de cette empoisonneuse. La draperie est d'une simplicité et d'une largeur sans égale. La couleur est grave et harmonieuse; l'exécution est soignée, et cependant vigoureuse et hardie. Le pinceau, partout facile et coulant, se fait sentir dans les détails anatomiques et dans les fonds, en touches fermes et nettes. Ce tableau, presque irréprochable, est sage, et cependant il est original. Il n'est plus dans l'académie de David, et il n'est pas retombé dans les *pastiches* de l'école italienne; et ce qu'il y a d'admirable, l'auteur, placé par son sujet à côté de toutes les exagérations de couleur, de dessin et d'expression, les a toutes évitées! Un ministre de Néron, une empoisonneuse, un esclave en convulsions, que de folies à commettre pour être terrible, sombre ou convulsif! M. Sigalon n'en a commis aucune. Il a été mesuré en produisant tout son effet; il s'est élancé au but sans le dépasser d'une ligne.

M. Delacroix est loin d'avoir la même mesure; son talent est ardent et audacieux. Il est dans ce premier état de sensibilité où l'on cherche le terrible, dans cette première irritation où la haine du calcul fait manquer à la raison; il n'est pas mûr encore, mais son avenir est immense.

Il a présenté les Grecs de Chio, errant depuis plusieurs jours au milieu d'une campagne ravagée, épuisés de fatigues et de terreur, et attendant à chaque instant la mort ou l'esclavage. Ils sont étendus au milieu de plusieurs cadavres et sur un sol ensanglanté. Ici, une femme en larmes appuie ses bras et sa tête sur un homme qui expire en souriant de fureur; là, un frère, avec l'effusion du désespoir, embrasse son frère hébété par la souffrance et la crainte. Ailleurs, un fils semble implorer un père qui, les yeux rouges de colère, ne songe plus qu'à mourir. Au fond du tableau, des Turcs gardent les prisonniers; sur le côté, un cavalier arrivant au galop, et traînant une superbe femme attachée à la queue de son cheval, se saisit d'un jeune homme qui, élevant les mains au-dessus de sa tête, veut arrêter le fer; mais le farouche musulman, méprisant cette faible résistance, tire son sabre sans colère, et s'apprête à frapper le jeune homme avec un sang-froid et une habitude du meurtre effrayants.

Il est difficile de regarder longtemps ce tableau sans être profondément ému. La femme en larmes, qui s'appuie sur son époux mourant, est admirable de douleur, de misère et d'abattement. Tout le groupe du cavalier, du jeune homme qui résiste, de la femme attachée à la queue du cheval, est aussi beau de conception que de dessin, de mouvement et de ton. Ce que les artistes admirent surtout dans cet ouvrage, c'est une hardiesse d'exécution et une force, une témérité de couleur extraordinaires. Il est impossible, en effet, d'opposer les nuances avec plus de hardiesse, et de mettre dans les demitons plus de transparence et de légèreté. Mais à côté de ces qualités éminentes, que de défauts tout aussi éminents!

Il est très bien d'avoir évité la recherche des lignes; mais, pour éviter l'arrangement symétrique, il ne fallait pas se jeter dans un autre arrangement, qui est en même temps calculé et maladroit. Il est très bien d'avoir évité l'affectation des lumières; mais il ne fallait pas laisser errer le jour çà et là, sans que l'œil sût où se fixer; il ne fallait pas, pour éviter le style académique, devenir vulgaire, surtout en peignant

BIBLIOTHÈQUE DES ...

la plus belle race de la terre, surtout aussi
lorsque, dans la femme en larmes et dans celle
qui est attachée à la queue du cheval, on a su
être admirable par les formes; il ne fallait pas
amonceler confusément des figures dont on ne
distingue ni l'état, ni la situation; il ne fallait
pas priver une vieille femme d'un bras, ni en
attacher une autre à la queue d'un cheval, en
la montrant debout sans que rien la soutienne.
On a beau dire que la nature est désordonnée;
la nature est abondante en accidents, mais tous
motivés par des raisons physiques; elle ne fait
pas tenir des corps en l'air sans les appuyer.
Michel-Ange, en amoncelant ses démons et ses
damnés, s'est permis une grande abondance
d'accidents; mais il n'y en a pas un qui manque
aux lois physiques. Sans doute il faut chasser
l'esprit du champ des arts, mais il faut le remplacer par la raison; or M. Delacroix est prodigieusement ingénieux : ces deux frères qui
s'embrassent, ce mourant qui sourit, ce père
qui refuse d'écouter son fils, tout cela est exces-
sivement spirituel, et, à dépenser de l'esprit,
mieux eût valu l'employer à observer les con-
venances. Il ne fallait pas enfin faire heurter
tant de couleurs, opposer tant de corps jaunes
à tant de corps bleus, sans autre motif que
d'établir une grande lutte d'effets; tout cela
est d'une ambition démesurée, et n'est pas de

cette vérité simple et nue à laquelle M. Delacroix se tourmente pour arriver, et à laquelle
son beau talent lui donne le droit d'atteindre.

M. Sigalon n'a pas prouvé un talent aussi
incontestable ni aussi vigoureux que M. Delacroix; cependant il a produit une œuvre complète, et originale avec simplicité. Maintenant,
il faut le renvoyer à un second tableau. Saura-
t-il mettre dans l'expression d'une tête autant
d'idéal et de sentiment que M. Scheffer, autant
de vérité et de naturel que M. Schnetz; dé-
ploiera-t-il autant de richesse, de variété, de
force d'expression que M. Delacroix ? Voilà ce
que l'avenir nous prouvera. Pour le présent,
il a fait un ouvrage presque accompli. M. Delacroix est loin d'avoir produit un ouvrage aussi
parfait, mais il a prouvé un grand talent, et il
a levé tous les doutes en faisant succéder le
tableau des Grecs à celui du Dante.

....

III.

MM. Scheffer, Delaroche, Schnetz, Cogniet.

On a déjà remarqué en littérature un progrès singulier dans la manière d'écrire l'histoire, de reproduire les mœurs, les usages et le caractère des temps passés, et de conserver à chaque époque sa véritable couleur locale. La même observation peut être faite en peinture, et une foule de toiles attestent, cette année, un talent tout nouveau de rendre les scènes historiques, en conservant les costumes et les physionomies qui caractérisent chaque siècle et chaque nation.

Les partisans du style, qui aiment les nus et qui veulent partout la chevelure, les brodequins et la draperie flottante des Grecs, appellent « grands tableaux de genre » ces toiles où l'on a représenté plusieurs scènes de nos annales avec les costumes du Moyen Age; mais, je l'avoue, si le *Gaston de Foix*, de M. Scheffer, la *Bataille de Senef*, de M. Schnetz, la *Jeanne d'Arc*, de M. Delaroche, et enfin le *Louis XIV*, de M. Gérard, sont de la peinture de genre, j'aime le genre à l'égal de l'histoire, j'oserai même dire que je le préfère, si l'on appelle ta-

bleaux d'histoire tous les tableaux grecs, romains et mythologiques dont est rempli le Salon. Mais, au reste, peu importent ces vaines
dénominations. Plusieurs des ouvrages exposés,
cette année, attestent un véritable progrès dans
le genre historique, et prouvent que le talent
de peindre l'histoire n'a pas moins gagné que
celui de l'écrire.

Il faut au peintre d'histoire, à celui qui veut
fidèlement reproduire les événements réels et
leur conserver leur grandeur et leur effet pathétique, une foule de qualités qui appartiennent à la fois et à l'homme et au peintre. Comme
homme, il lui faut un esprit élevé, des connaissances étendues et presque la science de l'antiquaire; il lui faut une âme forte et profonde,
qui puisse éprouver et rendre tout ce qu'un sujet est capable de réveiller de sentiments ou
tendres ou énergiques. Comme peintre, il lui
faut l'art des effets pittoresques, et surtout cette
adresse à disposer les costumes, les lieux donnés par l'histoire, d'une manière satisfaisante à
l'œil; il lui faut surtout l'art d'ennoblir les visages en leur conservant leur caractère particu-
lier; il lui faut le véritable *style*, en un mot,
celui qui, pour atteindre à la beauté idéale,
n'efface pas les caractères individuels et nationaux, et ne tombe pas dans une froide et en-
nuyeuse uniformité.

Outre le grand maître qui a donné le *Louis XIV*
et qui a réuni toutes les conditions de la véritable peinture historique, plusieurs jeunes peintres ont donné de grandes espérances, et se sont
montrés plus ou moins doués des qualités que
je viens de décrire.

M. Delaroche, en peignant *Jeanne d'Arc
interrogée dans la prison par le cardinal de
Winchester*, a choisi un beau sujet, en a dis-
posé les figures avec beaucoup d'art, et de manière à bien montrer leur action et leur rôle ; il
a été fidèle au costume, au caractère national ;
il a été surtout vrai, énergique même dans l'expression. C'est, sans contredit, l'un des tableaux
d'histoire qui ont le plus le caractère du temps
et des lieux qu'ils représentent ; mais M. Delaroche a manqué à deux conditions : l'effet pittoresque et la beauté. La robe écarlate du cardinal occupe une moitié de la surface, et le
tableau est ou tout noir ou tout rouge. Les expressions sont vraies, mais les visages communs. L'héroïne n'a ni beauté, ni élévation ; le
cardinal est énergique, mais bas ; M. Delaroche
a manqué, en un mot, l'idéal, pour arriver à
l'exactitude ; et quelque mérite qu'ait son tableau, il a manqué à l'une des conditions essentielles du genre. Je suis loin néanmoins de vouloir décourager M. Delaroche ; sa *Jeanne d'Arc*
et le *Gaston de Foix* de M. Scheffer sont les

deux ouvrages les plus véritablement historiques du Salon.

De tous les talents définitivement constatés
cette année, celui de M. Scheffer réunit peut-
être au degré le plus éminent, et en plus grand
nombre, les qualités du peintre d'histoire. Avec
un esprit élevé, avec des connaissances étendues,
une sensibilité forte et profonde, M. Scheffer
possède à un très haut degré l'art des effets pittoresques, la hardiesse du pinceau et l'élévation du style. Il a représenté Gaston de Foix
mort au milieu des champs de Ravenne. Les
chevaliers français cherchent après la victoire
le corps de leur jeune général; ils le trouvent
au milieu d'un fossé, percé de coups, et inondé
de sang et de boue. L'un d'eux, mettant un
genou en terre, soulève dans ses bras le corps
mutilé de Gaston et le montre à Lautrec et à
Bayard qui, debout et le visage immobile, contemplent avec douleur ce triste spectacle. Le
casque brisé du jeune homme retombe en arrière et laisse voir à découvert sa tête décolo-
rée, mais si belle et si héroïque. Une foule
d'officiers se pressent pour voir le corps de leur
général, et les prisonniers eux-mêmes, le cardinal de Médicis, depuis Léon X, les généraux
vénitiens et espagnols, ne peuvent contempler
sans attendrissement leur vainqueur qui, se
laissant emporter par son courage, a succombé,

à la fleur de la jeunesse et au milieu de son triomphe. Sur le derrière et sur les côtés du tableau, il se passe une scène pleine de mouvement : ce sont les soldats de Gaston qui, à la vue de leur général mort, s'élancent pour le venger et courent à l'assaut de Ravenne.

On peut, sans doute, adresser de graves critiques à M. Scheffer ; on peut lui reprocher d'avoir trop rapidement exécuté son tableau, de n'avoir pris que le temps à peine nécessaire pour rendre les masses, de manquer même d'expérience dans l'ordonnance des accessoires, de ne pas posséder encore l'art de répandre la clarté et la netteté dans une composition par une bonne distribution des plans. On peut lui reprocher tous ces torts, ou de précipitation ou d'inexpérience ; mais ces torts sont réparables avec le temps, et tout le monde conviendra, en revanche, qu'il est impossible de donner un caractère plus grand, plus vrai, à une scène historique, d'y mettre plus de mouvement et d'effet pittoresque, et de déployer une palette plus brillante et un pinceau plus hardi dans un tableau où se trouvent tant d'or, de fer et de plumes.

Rien n'est plus simple et plus vrai que l'expression de tous ces personnages. Une sensibilité profonde attendrit leurs mâles et vigoureux visages. Rien n'est beau comme Lautrec et

Bayard, comme La Palice à genoux, comme
la grande figure qui se penche du haut de son
cheval, comme la tête de Gaston, où se réunis-
sent les expressions de la jeunesse, du courage
et de la mort. A la vérité des expressions et des
attitudes se joint une grande noblesse dans les
formes, et, malgré les armures, on sent encore
le style. A côté de ces visages français, regardez ces visages toscans, vénitiens ou espagnols;
quelle variété dans le type des physionomies,
avec une vérité et une noblesse toujours sou-
tenues.

Ce qui distingue éminemment M. Scheffer,
c'est une beauté toute idéale dans les visages,
et une beauté qui est idéale sans fadeur, sans
uniformité! Que l'on compare à la tête du jeune
Gaston celle du saint Thomas d'Aquin, de la
jeune femme en couche et la paysanne alsacienne, et l'on jugera combien sont beaux les
types empreints dans l'imagination de M. Scheffer, combien ils sont purs, élevés et, en même
temps, caractérisés. Avec un juste sentiment
de la vérité historique, une grande élévation
de style, et un profond talent d'expression,
M. Scheffer est éminemment fait pour peindre
l'histoire d'une manière toute nouvelle. La simplicité, la noblesse de son style, répondront
surtout aux reproches de ceux qui accusent la
marche actuelle de l'école, et qui ne veulent

pas que l'histoire soit fidèle, de peur qu'elle ne soit plus assez noble.

M. Schnetz a peu des qualités du véritable peintre d'histoire. Il n'a ni assez de force de conception pour saisir et ordonner un sujet, ni assez d'élévation de goût pour l'ennoblir; mais il se distingue par une qualité toute particulière, et qui devient admirable chez lui : c'est la vérité et l'expression des têtes. Sous ce rapport, il n'y a peut-être pas de talent plus original, plus distinct dans notre école, que celui de M. Schnetz. Sa couleur est lourde, monotone et d'un ton bistre peu agréable; mais oubliez l'ordonnance du sujet et la couleur, prenez chaque figure une à une, et il est impossible de voir de plus belles et de plus précieuses études de têtes. Dans son *Prince de Condé à la bataille de Senef,* dans sa *Sainte Geneviève* distribuant le pain aux assiégés de Paris, on trouve des têtes de vieillards, d'enfants ou de femmes, surprenantes par leur aspect et leur vérité. La pensée, l'ordonnance d'un sujet, tiennent aux qualités intellectuelles par lesquelles le peintre se rapproche du poète, du littérateur et de toutes les autres classes d'artistes : le pinceau et la couleur tiennent au matériel de l'art; mais l'expression, la vérité, sont les qualités peut-être les plus remarquables et les plus essentielles du peintre. Songe-t-on, en voyant les vierges de Raphaël, à la composition ou au pinceau? Non, sans doute; on pardonne aux accessoires, aux cardinaux en prière; on pardonne un contour sec ou un pinceau trop fini, en faveur de cette expression sublime qu'il a donnée à ses visages toutes les fois qu'il a représenté une mère allaitant son enfant. Sans doute, je ne veux pas faire des comparaisons déplacées; mais je ne connais, dans aucune œuvre, des têtes détachées qui soient empreintes de plus de naturel, de sentiment et quelquefois de beauté, que celles de M. Schnetz. On voit qu'il n'est point allé en Italie pour y copier des tableaux, mais pour y étudier cette race italienne, si mobile, si naïve, si profondément expressive. Son *Pâtre endormi*, son *Ermite confessant une jeune fille*, sont d'admirables études, cent fois plus précieuses, à mon avis, qu'une bonne composition avec des expressions médiocres. Il faut un esprit plus cultivé, une pensée plus haute peut-être, pour concevoir un tableau d'histoire. Mais en voyant M. Schnetz, je ne regarde pas à l'ensemble : je contemple une à une chaque figure, et j'emporte quelques-unes de ces impressions que produisent en moi les grands peintres.

M. Cogniet a conçu une heureuse idée en détachant une *Scène du Massacre des Innocents*, et en montrant une femme effarée qui s'est ca-

chée derrière un mur, et qui met la main sur
la bouche de son enfant pour l'empêcher de
crier. Il y a beaucoup d'art à dérober ainsi la
vue de ces scènes de sang, à les rejeter dans un
fond très original, et à isoler ainsi une mère
pleine de désespoir et d'expression. Ce tableau
est largement peint, et d'un ton de couleur
grave et beau. Le *Marius* de M. Cogniet n'est
pas moins remarquable par l'impression qu'il
produit. Je trouve la misère du Marius fort belle,
son geste, en montrant les ruines de Carthage,
noble et profondément expressif; l'envoyé du
proconsul, dignement surpris et embarrassé à
la vue du grand homme; le fond, beau et vaste;
l'ensemble, sombre, mystérieux et d'un effet
singulier. Ce tableau, comme celui de M. Steuben, représentant les *Trois Suisses*, a la rare
propriété de jeter le spectateur dans une rê-
verie profonde, et de toucher moins encore
par le mérite de la peinture, qui est néanmoins
remarquable, que par une singulière impression poétique.

Tels sont les ouvrages qui m'ont paru porter
au plus haut degré le véritable caractère historique, et répondre à ces plaintes si répétées
et si fausses sur l'invasion de la peinture de
genre.

....

IV.

Philippe V, par M. Gérard.

C'est une grande question que celle du choix des sujets. M. Gérard a-t-il bien fait de choisir une scène diplomatique pour sujet d'un grand tableau? C'est là une question fort vaste, et dont la solution dépend de très hautes théories. Sans vouloir la pénétrer tout entière, je ne ferai ici que quelques réflexions. Sans doute, il y a un grand idéal, qui consiste dans une nature toute d'invention, dans une nature dépouillée de toutes les circonstances particulières, de temps, de lieux, de mœurs. Choisissez des visages aussi beaux, aussi dépouillés de caractères nationaux que possible; choisissez les formes les plus parfaites; ne les parez pas d'un costume connu, mais cherchez, dans les plus belles ondulations de la draperie, ce qui voile le mieux un corps humain, et composez de tout cela une existence imaginaire; composez ces sublimes tableaux de la *Création de l'homme et de la femme*, de Michel-Ange. Soit; j'admets ce grand idéal, j'admets cette suprême abstraction de la beauté; mais l'art est-il là tout entier? doit-il ne sortir jamais des généralités, ne

jamais arriver sur la terre, ne jamais se placer
dans des époques déterminées, chez des na-
tions connues? Voilà la véritable question. Si
de ce grand idéal vous avez permis à l'art de
descendre à une réalité, de peindre des Grecs
et des Romains, le bornerez-vous à certains
peuples? Pourquoi n'arrivera-t-il pas aux Français, par exemple, et pourquoi lui imposeriez-
vous plutôt le siècle de François Ier que celui
de Louis XIV?

Je ne nie donc pas le grand idéal; je ne nie
rien, j'admets toutes les manières d'imiter la
nature, et les manières les plus diverses d'en
combiner l'imitation. Mais je demande aussi
qu'il soit permis aux arts de rendre les événements réels; je veux qu'il y ait, en peinture
comme en littérature, une poésie et une histoire; je veux que, s'il y a des sujets imagi-
naires, il puisse y avoir aussi des sujets empruntés aux faits vrais et connus, qu'il y ait
des tableaux poèmes et des tableaux histoire.
Ensuite les nomenclateurs, les pédants cher-
cheront lequel vaux mieux du poète ou de
l'historien; laissons-les faire. Que m'importe
lequel vaut mieux de Virgile ou de Tite-Live;
ils sont fort grands l'un et l'autre, et on ne me
verra jamais occupé à chercher lequel est supérieur à l'autre. Il y en a deux. Je m'en tiens
là, et je les prends comme ils sont.

Louis XIV a occupé une grande place dans un grand siècle; il a été entouré d'hommes qui portent au plus haut degré les caractères du génie, jeune, vrai, naturel; d'hommes que nous avons surpassés dans les sciences bienfaitrices de l'humanité, que nous n'avons pas égalés dans les arts. Louis XIV a donné son nom à de grands événements; et lui, son siècle, sa cour, étaient éminemment dignes de l'histoire.

C'était une très belle scène que celle de Louis XIV prenant une aussi grande résolution que l'acceptation du testament de Charles II, plaçant une couronne de plus dans sa maison et fondant le grand système du Pacte de famille. La résolution du monarque, annoncée au milieu de sa cour, en présence des ambassadeurs et de ses enfants, devait former un spectacle, non pas dramatique, mais singulièrement imposant.

Louis XIV, debout et faisant un pas en avant, montre le duc d'Anjou à la nombreuse assemblée qui l'entoure; ayant une main appuyée sur l'épaule du jeune prince, et faisant de l'autre le geste le plus noble, il dit ces paroles, qu'on croit entendre : « Voilà le Roi d'Espagne. » L'ambassadeur espagnol s'incline avec empressement, et se saisit de la main du jeune prince, qui la livre avec un embarras et une timidité pleine de grâce. Tout autour, les vi-

sages s'émeuvent de la manière la plus variée
à l'aspect de cette scène. Le grand Bossuet,
que tant d'artistes, même fort habiles, auraient
montré plein de morgue, porte noblement sa
tête sublime; et, une main sur sa poitrine,
semble approuver avec une dignité tranquille
l'énergique résolution de Louis XIV. A côté de
lui, le nonce du pape, élevant son bonnet dans
ses deux mains et baissant la tête tandis qu'il
élève les bras, se prosterne à l'italienne devant
le grand monarque. Dans les fonds, sur les
côtés, les princes et les grands hommes du
temps regardent ce spectacle avec joie, avec
surprise, avec satisfaction, avec l'expression
enfin des sentiments qu'une scène pareille pou-
vait inspirer. Tout le monde est à ce grand
événement; car, il faut l'avouer, c'est un spectacle frappant qu'un prince, l'un des plus im-
posants qui aient existé, se montrant à une cour
composée de grands hommes et leur annon-
çant, avec une noble vigueur, une des plus
grandes résolutions de son règne.

La première impression que j'éprouve est
celle d'une vérité saisissante, dans tout l'ensemble de ce tableau. Regardez Louis XIV : son
action est-elle simple, naturelle et noble? en-
tourant son petit-fils avec l'un de ses bras et
le désignant avec l'autre, le front haut, mais
sans morgue, avec une assurance qui n'est pas

celle du commandement mais de l'autorité qui
est certaine d'être approuvée, et qui veut exciter le dévouement à une grande chose, il
s'avance, il entraîne et domine tout ce qui l'entoure. Regardez ce jeune prince : quelle vérité
encore ! il se laisse pousser par son aïeul ; il se
laisse saisir la main par l'ambassadeur ; il est
comme assailli par cette grande fortune, et se
livre à elle avec une timidité et une surprise
charmantes ; sa tête inclinée, ses yeux baissés,
offrent un modèle plein de grâce et de naturel ! Voyez l'ambassadeur : qu'il est noble et
mâle encore dans son expression ! il s'incline
avec l'ardeur castillane, mais sans bassesse. Et
ce nonce, qu'il est vrai ! qu'il est italien !

Comme justesse de pantomime, comme vérité
d'expression, je ne crois pas que l'art puisse
rien produire de supérieur. Il ne s'agit plus
au xixe siècle de la naïveté du xve ; mais il s'agit
d'être parfaitement vrai, parfaitement juste, de
rendre les événements de notre vie, tels quels,
avec toutes les circonstances qui les caractérisent. Or, en regardant le tableau de M. Gérard, on retrouve de toutes parts un maître
profond, un art immense ; mais tout cet art est
employé à être juste, simple et vrai. Et ce n'est
pas tout ; à cette vérité historique, à cet aspect
du temps si fidèlement reproduit, viennent encore se joindre la noblesse, l'idéal compatible

avec le sujet. Les têtes de Louis XIV, du jeune
duc, de l'ambassadeur, du nonce, de Bossuet,
sont-elles assez nobles et, cependant, assez ca-
ractéristiques et vraies! Certes, il ne faut plus
ici le nez et le front grecs, il faut produire des
ressemblances déterminées, conserver des caractères connus, leur donner ce je ne sais quoi
poétique qui rend idéal jusqu'à la réalité même.
Le nonce, par exemple, avec ses yeux cares-
sants, avec ses grandes lèvres, n'est-il pas bien
de son âge, de son pays, de sa condition; et cependant il est noble et poétique sous le rapport de l'art.

Maintenant, si l'on entre dans le détail des
lignes, si l'on examine comment sont agencés
tous ces personnages; comment l'ambassadeur
qui s'agenouille vient joindre le groupe de
Louis XIV, servir de lien aux deux parties du
tableau et rompre la monotonie de toutes les
figures debout; comment le jésuite, le secré-
taire de légation, le nonce, Bossuet, sont dis-
posés, mêlés ensemble et distribués dans l'es-
pace; si l'on examine l'heureux mélange des
costumes français, espagnols, italiens, l'admirable opposition des couleurs entre Louis XIV
et le duc d'Anjou et l'ambassadeur, qui avance
sa tête olivâtre au milieu de la brillante lumière
du groupe principal; l'habileté de cette demi-
teinte, dans laquelle se perdent et s'éloignent

tous les personnages du fond; la hardiesse de
ces accessoires, de ces tapisseries, de ces
meubles, de ces Gobelins; et, enfin, le style
même de ces figures, mêlées aux étoffes de soie
et d'or, on ne pourra manquer de ressentir une
vive admiration pour le génie qui a surmonté
de si grandes difficultés et résolu un problème
aussi compliqué.

Ce que tous les artistes admirent surtout,
c'est la couleur. Pour moi, je ne crois pas que
ce mérite soit plus grand ici que dans plusieurs
autres tableaux de M. Gérard; mais il est certainement plus frappant, parce que les costumes exigeaient une grande prodigalité d'effets; et quand on songe aux cristaux colorés
que n'auraient pas manqué de répandre ici la
plupart des coloristes, on admire encore davantage la puissance avec laquelle l'or et la pourpre
sont dépensés et ménagés.

On peut faire, sans doute, plus d'un reproche
de détail à cet ouvrage. Quelques visages de
côté rappellent un peu les tapisseries d'où ils
sont tirés; et le grand Dauphin, avec sa tête
haute, a une attitude gauche et fâcheuse; mais
qu'importent de pareilles taches au milieu d'un
si grand ouvrage !

Je n'insisterai pas davantage sur les mérites
techniques; je reviens à l'effet général du tableau: c'est la vérité parfaite, avec une noblesse

et une élévation tout historiques. Je m'attache surtout à ce mérite ; c'est le plus important, c'est celui qui rattache cet ouvrage à la grande marche du siècle, et en fait une époque importante de l'art. Sous ce rapport, je ne crois pas qu'on puisse accorder trop d'hommages à l'ouvrage et à l'auteur. Quand on considère le point d'où est parti M. Gérard, et celui où il est arrivé ; quand on voit l'abondance sans égale de ses productions, leur extraordinaire variété, depuis le *Bélisaire* et la *Psyché* jusqu'à la *Bataille d'Austerlitz* et au *Philippe V*, on ne peut manquer de reconnaître en lui un de ces talents étendus qui ne sont pas d'une seule époque, ni d'une seule école, qui ne se fixent ni dans un genre, ni dans un style, mais qui se modifient sans cesse pour assurer à leur art des progrès toujours nouveaux.

··

V.

Avant de quitter la peinture d'histoire, je ne
puis m'empêcher de relever les vices généraux
d'une foule d'ouvrages dont je ne nommerai
pas les auteurs, non par crainte d'exciter leur
colère, mais pour ne pas les faire trop souffrir. Je sais combien sont légitimes les douleurs de l'homme qui, après deux ou trois ans
de travaux opiniâtres, jugeant du mérite de
son œuvre à la peine qu'elle lui a coûté, arrive
au Salon, inquiet, haletant pour ainsi dire, et
voit un sot public, un plus sot écrivain, passer
indifférents devant ses tableaux et ne proférer
que des paroles ou froides ou sévères. Certes,
y a-t-il rien de plus naturel que les soulève-
ments de son cœur? Ne faut-il pas pardonner
à sa colère, ne faut-il pas la ménager? Aussi,
ne pouvant donner du génie à tous ceux à qui
j'en voudrais trouver, je ne nommerai personne dans les critiques que je vais faire; et,
dans l'intérêt seul de la vérité, je présenterai
quelques observations générales sur les vices
dominants d'une foule de tableaux, où se trouvent d'ailleurs d'estimables qualités. Mais, je
le demande, qu'est-ce dans les arts qu'une

qualité estimable? Je ne vais pas dans les galeries pour estimer, j'y vais pour jouir et admirer. Dans les ateliers où s'exercent les arts
utiles, où se filent la soie, le chanvre, le coton,
j'estime un bon tissu, qui peut être utile encore sans charmer les yeux; dans les ateliers
où s'exercent les arts, qui doivent émouvoir,
élever nos esprits, je veux être transporté, et
quiconque m'a seulement satisfait, a manqué
le but. Dans les beaux-arts, le « bien » n'est
rien; le « très bien » commence à peine à être
quelque chose.

J'ai dit, dans des articles précédents, fort
sottement interprétés par ceux qui ne savent
pas comprendre et par ceux qui ne le veulent
pas, que, sans abandonner le « grand style », le
« grand dessin », il fallait revenir à la nature
et tâcher de donner plus de vie à nos œuvres.
J'ai désigné MM. Delacroix, Scheffer, Sigalon,
Schnetz, Delaroche, comme étant sur une route
nouvelle, sur la route de la véritable histoire;
j'ai dit que, malgré des défauts, ils donnaient
de l'expression sans manquer de noblesse;
qu'ils savaient être exacts et quitter les costumes grecs sans manquer de style; que leurs
compositions n'étaient ni maniérées, ni tri-
viales, et qu'avec des inégalités de mérite,
elles annonçaient cependant des talents vrais
et fortement caractérisés. Maintenant, pour

mieux indiquer ma pensée et prouver que je
ne veux point jeter l'école dans une mauvaise
route, je vais tâcher d'indiquer deux espèces
de vices : ceux des peintres restés dans l'académie, et ceux des peintres qui se sont égarés
en voulant en sortir. On jugera par là si c'est
du « nouveau » seul que je veux à tout prix,
et si je n'impose pas à ce qui est nouveau la
condition d'être noble, simple et vrai.

D'abord, parlons des artistes qui sont restés
dans l'école académique. Il y a chez eux une
certaine élégance de formes, une certaine correction dans les proportions; mais, je le demande, cela est-il bien difficile aujourd'hui?
Pourvu qu'on ne demande aux jeunes élèves
de l'école ni souplesse dans les mouvements,
ni justesse dans la pantomime, ni vérité dans
l'expression, ni ce modelé dans les formes qui
leur donne la vie, en est-il un seul qui ne sache
vous dessiner une figure parfaitement élégante?
Demandez des nymphes, des dieux aux ateliers, et vous allez en voir naître une multitude
au front droit, au nez aquilin, à la bouche rap-
prochée du nez, à la grande taille; vous verrez
des membres déliés, arrondis, coulants, se développer sur le champ, et nos jeunes peintres
vous feront cela « par cœur », comme les éco-
liers répètent les vers de Virgile. Qu'on l'avoue
donc, c'est un bien mince mérite que celui de

produire aujourd'hui une figure d'académie; et chacun peut, à cet égard, comme le serrurier ou le tourneur, donner son « chef-d'œuvre ». Dans tous les tableaux où l'on rencontre ce mérite, cherchez quelle est la composition? Vous allez trouver symétrie dans l'arrangement, pauvreté dans l'invention, niaiserie ou fausseté dans les expressions, et dans l'exécution autant de pesanteur que de prétention. Il faut le dire franchement; tandis que les jeunes peintres qui ont fait effort pour sortir de l'académie, ont en même temps fait de remarquables progrès dans la couleur et l'exécution, et qu'ils ont cessé de mériter une partie des reproches que les étrangers adressent à notre manière de peindre et de colorer, tous les peintres qui sont restés dans l'académie, et qui ont copié David sans avoir le génie de ce grand maître, tous ont conservé ce pinceau lourd, pâteux, cette lumière luisante, cette couleur grise, bleue et violette, qui caractérisent malheureusement notre école, et ils n'ont fait aucun des progrès qu'on peut remarquer chez les « jeunes barbares ». Tout cela se tient. *Immobiles* en une chose, ils devaient l'être dans toutes les autres, et ne pas plus gagner sous le rapport de l'exécution que sous celui de l'expression et de la vie. Au reste, je le demande à tous : pourquoi ces copies de l'antique sont-elles si froides? Pourquoi les partisans de l'académie conviennent-ils eux-mêmes que ces tableaux « de style » sont insignifiants et sans caractère? Pourquoi, lorsqu'on leur dit : « Voilà du style; » pourquoi répondent-ils : « Oui, c'est du style, mais c'est du style sans génie. » Pour moi, je ne veux pas attribuer cette absence de beautés au défaut du génie; non, ce n'est pas aux artistes que je reproche de manquer de moyens; certes, on en voit parmi eux qui ont dépensé un talent très grand ; mais j'accuse la route qu'ils ont suivie; ils ont négligé la nature, ils en sont punis en manquant de vie, et le public qui, en véritable « parterre », n'est touché que par la vie, passe froid et inattentif devant leurs copies grecques et romaines. Au reste, je n'ajouterai qu'un fait : je connais de jeunes artistes qui ont été très froids en copiant, et qui ont montré un véritable talent en revenant à la nature et en négligeant un peu les statues pour n'étudier que la réalité.

Maintenant, pour me racheter de tant d'hérésies, je vais montrer les torts de ceux qui se sont égarés en sortant du « style ». Le « style » est un bon oreiller pour la médiocrité; elle peut y sommeiller tranquillement; mais si, emportée par l'ambition, elle se jette en avant et veut tenter des routes nouvelles, elle tombe, et ne s'est déplacée que pour faire des chutes. Sans

doute elle a montré une ambition peut-être
louable; mais peu m'importe, je le répète, ce
qui est « louable, estimable » dans les arts; les
arts ne sont pas la morale, et chez eux le succès est tout. Tant pis pour celui qui dort dans
l'imitation du passé, pour celui qui s'égare en
essayant une route nouvelle; la paresse de l'un,
la hardiesse de l'autre, tout cela m'est indif-
férent, et je ne fais cas d'aucun des deux. Je
dirai donc que si je témoigne peu de respect
pour les tableaux mythologiques, grecs et romains, je ne respecte pas beaucoup plus ces
autres tableaux empruntés au Moyen Age ou
bien aux xvᵉ et xviᵉ siècles, dont les auteurs, pour
devenir vrais et originaux, ont perdu tout style,
toute élévation dans le caractère des têtes et le
dessin des corps. J'ai vu, sur une foule de toiles,
des rois de France, des magistrats, des saints,
des chevaliers, des reines, où les visages, pour
acquérir un caractère national, ont perdu toute
noblesse. Je n'aime pas les fronts et les nez
grecs; mais aussi je veux quelque caractère
dans les têtes, quelque élévation dans les expressions. Par exemple, regardez les figures
de M. Schnetz; elles ne rappellent ni l'*Apol-
lon*, ni le *Laocoon;* mais, néanmoins, voyez
combien elles sont vraies et, en même temps,
nobles! Si je voulais citer un maître, je dirais
encore : « Voyez le cardinal, l'ambassadeur, le

duc d'Anjou, dans le tableau de M. Gérard.
Toutes ces têtes sont-elles fidèles et en même
temps caractérisées? Au contraire, j'ai vu une
foule de tableaux dans lesquels certainement
il y a des qualités, et où cependant le caractère est tout à fait perdu. Ici, les nez sont
retroussés, les bouches sont en boutons de
rose, les mentons pointus; là, les corps ont
huit pieds de taille, ici quatre ou cinq au plus.
Cette fois, je permets de crier au *Boucher;* car,
sans y être tout à fait arrivé, on s'en rapproche
d'une manière effrayante. »

Dans ces mêmes ouvrages, l'exécution a fait
aussi d'étranges progrès; ce n'est plus de la
peinture lourde et monotone, c'est tout l'éclat
et le luisant de la porcelaine. Les carnations,
rosées et, pour ainsi dire, marbrées en rouge et
blanc, ressemblent au « stuc » plus qu'à la peinture. Certes, ce n'est pas là le progrès que
j'invoque dans l'exécution, et je suis tout prêt
à me résigner à la mythologie, s'il me faut
subir cette nouvelle peinture historique; et je
vais, comme ceux que les inconvénients des
innovations effraient, me rejeter dans le passé
de peur de l'avenir. Cependant, restons dans la
véritable limite. Que les artistes sortent de l'a-
cadémie; qu'ils abandonnent ce froid modèle
qui les glace; qu'ils retournent à la nature et
tâchent de donner la vie à leurs imitations;

mais qu'ils ne perdent pas la majesté de caractère, empreinte dans les œuvres de l'Italie;
qu'ils ne perdent pas l'élégante noblesse de
l'antique, qu'ils tâchent d'atteindre enfin à cet
idéal qu'il est permis de rêver, et qui, en conservant à la nature sa vérité, lui donnerait la
noblesse dont quelquefois elle manque; et en
laissant à l'histoire son exactitude, ses locali-
tés, lui donnerait le style et le pittoresque
qu'elle n'a pas toujours. *Hoc est in votis.*

··

VI.

MM. Steuben et Horace Vernet.

Dans l'énumération des tableaux d'histoire remarquables par des qualités, j'aurais pu en citer plusieurs encore qui étaient dignes d'éloges; mais le critique le plus attentif, le plus scrupuleux, le plus résolu à ne négliger aucun mérite, ne peut tout mentionner dans une exposition aussi considérable que celle de cette année. Il est cependant un ouvrage que je me reproche d'avoir omis : c'est le *Christ au pied de la Croix*, par M. Marigny. On peut blâmer sans doute dans ce tableau trop de luisant dans la lumière; mais on doit y remarquer une composition pittoresque, de belles parties de dessin, un grand sentiment de douleur, un effet général plein de gravité et de tristesse. Je vais m'occuper actuellement de quelques ouvrages qui, sans être rangés dans la classe des tableaux d'histoire, en ont à mes yeux tout le mérite et toute l'élévation. Je veux parler des *Trois Suisses*, de M. Steuben, et de la *Bataille de Montmirail*, chef-d'œuvre de M. Horace Vernet.

Le *Guillaume Tell* de M. Steuben, exposé

au Salon précédent, était si dur, si lourd, qu'il me fut impossible de le regarder; mais ses *Trois Suisses* m'ont causé une sensation profonde, et je fais à son talent une réparation complète.

Sur une montagne élevée, à la vue d'un lac et aux rayons transparents de la lune, les trois héros de la Suisse se jurent fidélité et dévouement à la cause des trois cantons. Ces trois généreux citoyens, rangés en présence les uns des autres, n'élèvent pas les bras comme les trois Horaces, mais ils se touchent réciproquement dans la main, et c'est en amis sûrs et dévoués qu'ils se font cette promesse de combattre et de mourir ensemble. Celui des trois amis qui est dans l'âge mûr, placé au milieu, a déjà reçu la main plus prompte du plus jeune, et attend celle du vieillard, qui arrive avec non moins d'énergie, mais avec plus de lenteur. L'attitude si noble et si vraie de ces trois personnages, la sincérité de leur promesse, la générosité de leur résolution, la grandeur du lieu, la lumière mystérieuse de l'astre qui éclaire cette scène, tout cela produit une impression qu'il est difficile de décrire, et qu'il est très rare d'éprouver en présence d'une simple toile.

Sans doute, cette peinture est péniblement travaillée; elle est lourde encore, quoique plus légère que dans le *Guillaume Tell;* mais oubliez les défauts, et livrez-vous à l'impression du tableau! Que ces trois personnages sont simples et nobles! combien il est respectable, ce vieillard à barbe blanche, portant une simple calotte sur la tête, un manteau roulé sur l'épaule, et appuyant son bras sur un bâton! qu'il est énergique et vif, ce jeune homme au corps avancé, au front haut! et qu'il est grave et calme, ce troisième qui unit les deux autres, en recevant leurs deux mains et leur double engagement! Voilà tout à la fois de la grandeur sans exagération, du pittoresque sans recherche, et du style sans le secours des nus et de la draperie; voilà enfin de l'histoire et de la poésie. Je reviens surtout à la tournure du vieillard; elle est admirable. Un mérite bien grand, qu'il ne faut pas oublier, c'est la distribution des trois personnages. Quelle froide copie d'un bel ouvrage, si, par un souvenir des trois Horaces, ces trois montagnards, au lieu de se serrer la main, avaient tendu leurs bras en avant! qu'ils sont bien, rangés en cercle et se promettant face à face de venger l'Helvétie!

J'ajouterai un dernier éloge très mérité. Il reste encore quelque chose de lourd dans l'ensemble de ce tableau; mais le ton général en est fin et léger, et la lumière, d'une singulière douceur. Si cet ouvrage ne trompe point; si le talent de M. Steuben doit conserver cette simplicité, cette gravité, cette élévation, et produire à l'avenir des impressions aussi grandes, je m'applaudis pour notre nouvelle école, d'un talent si singulier et si remarquable.

Occupons-nous d'une production toute différente, et qui est le plus bel ouvrage de l'un des plus beaux talents de notre siècle. Je ne parlerai pas des trente ou quarante tableaux de M. Horace Vernet, dont la plupart, très remarquables, annoncent un talent si mobile, si heureux, si original; dont l'un surtout, le portrait de S. A. R. le duc d'Angoulême, atteste un mérite de plus chez M. Horace Vernet : celui d'exceller dans les grandes dimensions. Je ne parlerai aujourd'hui que de l'admirable *Bataille de Montmirail*.

Un critique, plein de sens et de goût, a pensé que ces grandes batailles stratégiques manquaient d'action et d'effet. Cela peut être vrai en général, mais ne l'est pas toujours. Un vaste champ où l'on se bat de toutes parts, et où l'on tend, à travers le feu et le carnage, à un but militaire bien indiqué, peut avoir quelque chose de grand, si, comme M. Horace Vernet, on sait à la fois développer l'action dans un fond étendu, et la resserrer, la rendre vive et dramatique sur le premier plan du tableau; c'est là cette double condition que M. Horace Vernet me semble avoir supérieurement remplie.

Dans une vaste campagne, qui s'abaisse et se termine à un chemin, des colonnes d'infanterie et de cavalerie s'avancent, les unes au pas de charge, les autres au galop, et culbutent devant elles l'armée prussienne. Le soleil n'a pas encore paru sur l'horizon; c'est une froide aurore d'hiver. La terre est encore dans l'obscurité; mais le ciel est déjà lumineux, et un nuage, s'allongeant sur l'horizon, est déchiré par le vent glacial du matin. Depuis le terrain qu'on a sous les yeux jusqu'aux extrémités les plus éloignées, on aperçoit nos colonnes s'avancer et former un cercle, qui se resserre à mesure qu'elles approchent du chemin sur lequel se replient les Prussiens. Des lignes de feu, sensibles à travers le crépuscule, montrent le demi-cercle terrible sur le front duquel on se bat de toutes parts. En se rapprochant, l'action devient plus distincte, les détails sont plus circonstanciés, et sur le devant enfin on a sous les yeux plusieurs colonnes marchant de front et au pas de charge. La première colonne a déjà atteint l'ennemi. Là, on s'est joint; les pointes de fusil sont sur les poitrines, on fait feu à bout portant, on se perce à coups de baïonnette, on s'attaque à coups de crosse ou de sabre, on se mêle, et les rangs se confondent. Sur un point, l'ennemi résiste encore; sur un autre, il cède, et déjà hommes et chevaux sautent par-dessus les

murs et les fossés. Tandis qu'au point de jonc-
tion l'action est aussi vive, les colonnes qui
suivent arrivent avec calme pour charger à leur
tour. On voit de longues files de grenadiers
s'avançant, l'arme au bras, et d'un pas ferme et
assuré. Entre les intervalles des bataillons, les
officiers, marchant avec leurs soldats et élevant le sabre, semblent les entraîner au but;
d'autres, galopant autour des rangs et s'abais-
sant sur leurs chevaux, semblent crier : « En
avant ! » Un second régiment suit le premier,
et déjà on aperçoit le tambour-maître qui se
retourne pour marquer le pas avec sa canne.
Colonels, officiers, soldats, hommes, chevaux,
tout s'avance avec une ardeur entraînante. Je
vois les rangs, quoique assurés, flotter par l'effet de la marche; je vois ces grenadiers poser à
terre un pied résolu, et jusqu'au fond de l'horizon j'aperçois cette armée, je la suis, marchant du même pas, et au bruit des mêmes
tambours, vers une dernière et éclatante victoire. L'ensemble magnifique, l'effet entraînant
de cette charge, l'éclat si froid du ciel, l'obscurité de la terre, le deuil de cette vaste campagne, tout se réunit pour compléter l'effet extraordinaire de ce tableau, et en faire l'une des
plus belles productions de notre temps.

Ce qu'il faut d'abord admirer dans ce tableau, c'est l'ensemble; mais de l'ensemble

passez aux détails : il faut admirer à la fois, et
la beauté du paysage, et la distribution si surprenante de la lumière, et la transparence de la
demi-teinte générale à travers laquelle on voit
la bataille, et la chaleur de l'action, et, par-
dessus tout, le raccourci merveilleux de ces
lignes marchant au pas de charge et s'enfonçant si avant dans la toile. Mais un mérite d'une
haute importance, c'est la fidélité de ces costumes, de ces visages, de ces chevaux, dont
M. Horace Vernet n'a embelli ni la croupe ni
la tête. Certes, ce sont bien là de bons et gros
chevaux de régiment, et cependant, que de noblesse et de mouvement leur a donnés le peintre! Voilà une grande leçon pour les arts. La
réalité toute nue, sans aucune altération, peut
donc être noble et poétique, si l'imitation est
vraie et bien entendue. M. Horace Vernet a un
bonheur qui tient à ses sujets et à son talent;
c'est que peu d'ouvrages portent le même degré de vérité que les siens, et c'est parce que,
dans ses tableaux, il n'a peint que nous, nous,
placés sous ses yeux. Aussi, ses œuvres ont-elles
un peu ce caractère de grâce, de naturel, que
le talent a toujours quand il peint d'après nature. Voyez, que de génie dans les Italiens, qui,
en faisant des Saints et des Vierges, se sont
peints eux-mêmes; dans les Flamands, qui, en
faisant des tabagies, ont copié leur propre vie!

Maintenant, j'arrive à la critique. Pourquoi tant d'esprit dans quelques groupes du premier plan? Pourquoi, surtout, M. Horace Vernet n'aurait-il pas une exécution, je ne dirai pas plus vive, mais plus ferme et plus simple? Jamais, sans doute, son pinceau ne fut plus beau et plus soigné que dans la *Bataille de Montmirail;* jamais il ne mérita moins le reproche de négligence qu'on lui adressait, il y a deux ans. Mais qu'il regarde à côté de lui les œuvres de M. Granet, et plus loin celles du jeune Léopold Robert, celui qui a peint l'*Improvisation du Pêcheur napolitain.* Sans doute, M. Horace Vernet ne doit imiter ni envier personne; mais pourquoi, dans la plupart de ses tableaux, cette manière brillantée, ces reflets, ces jeux de couleur, qui, pour le dire franchement, sont de la peinture de mode? Pourquoi pas ces tons solides, cette peinture ferme, qui place si haut l'exécution de MM. Granet et Léopold Robert, et qui donnerait aux ouvrages historiques de M. Horace Vernet ce quelque chose de monumental qui leur manque? La critique que je lui adresse est grave; mais il est permis de lui souhaiter tous les mérites, et il ne lui est pas plus difficile d'acquérir celui-là que tous les autres.

....

VII.

Paysage. — MM. de Forbin, Gudin, Constable.

On ne sait pourquoi le paysage ne réussit
plus en France ; ce genre, l'un des plus beaux
que la peinture puisse traiter, ne compte pas,
cette année, un seul bel ouvrage ; car il ne
faut pas ranger tout à fait dans la classe du
paysage les deux tableaux de ruines de M. de
Forbin. On ne peut attribuer un pareil défaut
de succès au manque de zèle de la part des
artistes, ni à l'adoption exclusive d'un style ou
d'un genre ; puisqu'il y a au Salon une multitude de paysages traités de toutes les manières
et dans tous les styles. Les artistes ont essayé
de tous les moyens, et il n'en est point qui leur
ait complètement réussi. Les uns, toujours tra-
vaillés de la manie du paysage historique, ont
imaginé de grandes lignes, et, comme d'usage,
n'ont laissé voir que l'impertinente prétention
de créer des horizons, lorsque la nature a déjà
créé pour eux les horizons des Alpes et des
Apennins. Les autres, imitant plus fidèlement
la nature, et n'ayant pas la prétention d'ajouter
à la grandeur de ses lignes, n'ont pas beaucoup
mieux réussi sous le rapport de la couleur et de

la légèreté ; mais ils ont de moins le ridicule, et
c'est beaucoup. D'autres enfin ont essayé de ces
sites hollandais, où les lignes ne sont rien et où
l'air est tout. Pour essayer de pareils sujets, il
faut un talent d'imitation et un degré de vérité
qui n'est pas donné aujourd'hui à nos peintres
de paysage. On n'a donc négligé aucune voie
pour arriver. Ce qu'il y a de singulier dans ces
efforts, c'est que tous ces jeunes artistes, si
malheureux quand ils peignent sur toile et qu'ils
tâchent de faire des tableaux, produisent cependant des ouvrages excellents quand ils se
bornent à faire de simples études à l'aquarelle.
Presque tous produisent des dessins charmants,
pleins d'effet, de vérité et de couleur, quoique
simplement lavés. Ne serait-ce pas que, dans
ces légères improvisations, ils se tourmentent
moins pour ajouter à la nature ; qu'ils en repro-
duisent plus simplement et plus vivement le
souvenir, et qu'alors ils sont nécessairement
plus vrais? Ce qui me confirme dans cette opi-
nion, c'est que le jeune Michallon, enlevé si tôt
aux arts, et qui annonçait un mérite si réel,
Michallon qui, dans ses paysages historiques,
n'a été, comme tous ceux qui font le même
genre, qu'un véritable rhéteur, a laissé des
études charmantes où l'on retrouve la preuve
véritable et, là seulement bien authentique, de
son talent.

La cause réelle de notre infériorité dans le paysage proviendrait donc de ce que nous n'imitons pas assez fidèlement et assez immédiatement la nature, et de ce que nous ne voulons pas faire simplement des « études ». Le paysage est de tous les genres celui qui admet le moins d'esprit, d'effort de composition, et qui exige la reproduction la plus fidèle, la moins ambitieuse de son objet. Or, si nous excellons dans tous les genres où il faut que l'art ajoute quelque chose à l'imitation, nous avons toujours moins brillé dans tous les genres où il faut bonnement et naïvement copier sans y rien ajouter du nôtre.

Les Hollandais, les Flamands, et aujourd'hui, les Anglais ont excellé dans ces copies exactes de la nature; mais nous ne sommes pas assez « bonnes gens », si on peut le dire, pour égaler leurs chefs-d'œuvre. Dans le paysage, surtout, cette disposition devient plus sensible. Nous n'avons jamais voulu nous contenter de notre sol; nous avons toujours aspiré à la Suisse ou à l'Italie. Nous avons raison, sans doute; mais nous y allons une fois passer six mois, et puis nous revenons avec des impressions incomplètes; nous mêlons le souvenir de ce que nous avons vu à l'impression dominante de ce qui nous entoure, et nous créons des paysages, espèces de composés insignifiants et faux.

Les Anglais et les Hollandais, au contraire, se sont contentés de leur nature, belle ou non ; ils n'ont pas rêvé un monde meilleur ; ils se sont bornés à ce qu'ils voyaient dans leur pays, ils l'ont exactement copié, et ils ont produit des chefs-d'œuvre de vérité. Sans doute, notre belle France renferme aussi d'admirables paysages, mais ces paysages ne sont point dans les plats environs de Paris, et ce n'est qu'à Paris que les Français cultivent les arts avec ardeur, avec encouragement et succès.

Personne n'est plus jaloux que moi de la gloire nationale, et ne voudrait lui conserver plus d'éclat ; mais il faut être vrai avant tout, et convenir que les paysages de M. Constable, peintre anglais, dont quelques ouvrages se voient au Salon, sont bien supérieurs à tout ce que nous avons produit cette année. Ils manquent de style, disent nos rhéteurs ; c'est souvent un ruisseau bordé de rives peu pittoresques, ombragé de quelques saules, accompagné d'un horizon insignifiant : soit ; mais tout cela est plein de légèreté, de perspectives, de vérité ; et, suivant le propos ordinaire, c'est rempli d'air. Ce n'est pas avec de plus belles lignes que les Hollandais ont fait des chefs-d'œuvre.

Je sais avec quelle injustice nos voisins traitent tous les jours nos artistes. Ayons sur eux une supériorité de plus, celle de la justice; je n'en connais pas qui donne une plus haute idée du génie des individus et des peuples.

Je ne veux pas néanmoins décourager nos artistes et nier absolument le mérite de leurs œuvres. M. Watelet, dans plus d'un tableau, a déployé sa finesse et sa légèreté de touche ordinaires. L'un de ses tableaux, exposé dans le grand Salon, remarquable par un ton chaud, présente de belles lignes, de beaux détails; mais la lumière n'en est pas assez naturelle, et ressemble plutôt à celle d'une éclipse qu'à celle du soleil couchant.

MM. Morin et Gudin ont donné de très jolies marines, et ils ont sans contredit plus approché de la vérité qu'aucun de nos peintres de paysage. De petites figures, dessinées avec infiniment de grâce et d'esprit, et avec une grande vigueur de ton, sur un fond clair et brillant, distinguent leurs ouvrages; cependant ils doivent se défendre de répéter trop souvent le même artifice, avec quelque bonheur qu'ils l'aient employé jusqu'ici. Quelque vraies et originales que soient ces plages où une ligne droite est coupée par la seule ligne des figures, elles seront bientôt usées comme tous les artifices trop répétés. Les charmantes productions de M. Colin, où l'on voit de si jolis groupes sur le bord de la mer, appartiennent plus au genre qu'aux marines, et j'en parlerai ailleurs.

Deux grands ouvrages, qui n'appartiennent que sous un rapport au paysage, doivent nous dédommager de ce qui nous manque dans ce genre : ce sont les deux tableaux de *Thèbes* et de *Palmyre*, par M. de Forbin. L'un représente les ruines colossales de Thèbes inondées par les flots du Nil et éclairées par les premiers rayons du soleil. Ces ruines si vastes, le pied plongé dans les eaux et le sommet dans une lumière dorée, ont quelque chose d'imposant et d'indéfinissable qu'on ne peut rendre. Une tente placée sur les débris d'un quai, où des Arabes, faisant le commerce des momies, vendent à la curiosité des Européens les dépouilles d'aïeux inconnus, forme le devant le plus original et achève l'effet singulier de ce tableau. Les ouvrages de M. de Forbin sont de ceux qui se distinguent surtout par la magie de l'effet et par une impression toute poétique. Il doit ce mérite à son étonnante couleur et à la beauté si pittoresque de ses lignes.

Le tableau de *Palmyre* est plus surprenant encore par la beauté de l'architecture et l'immense profondeur de ces galeries composées de plusieurs milliers de colonnes. L'architecture de l'Asie, à l'époque de Palmyre, réunissait à la grandeur romaine toute l'élégance du

style grec ; aussi l'antiquité ne nous a-t-elle rien
laissé de comparable à ces beaux débris, et c'en
est la plus belle partie qu'on aperçoit dans le
grand tableau de M. de Forbin. L'œil plonge à
fond dans cette immense galerie, qui présente
un horizon interminable de colonnes, les unes
debout, les autres brisées. Çà et là, d'énormes
débris coupent la ligne et élèvent leur sommet
solitaire au milieu de ces vastes décombres. Un
soleil ardent les inonde d'un feu rougeâtre ; une
espèce de poussière dorée remplit cet air em-
brasé, et les Arabes, profitant du coucher du
soleil, moment où la caravane de la Mecque va
se mettre en route, sortent de derrière les
ruines, fondent sur les riches pèlerins, et, tirant
à travers les colonnes, s'emparent de tout ce
qu'ils peuvent abattre. Au milieu de ces magnifiques ruines, à travers cette lumière ardente,
des voleurs ignorants qui attaquent d'autres
ignorants voyageant par superstition, ces mœurs
de l'Asie sauvage et mahométane au milieu des
restes de l'Asie civilisée par la Grèce, produisent un inconcevable effet. Ce tableau, si
remarquable déjà par la composition et l'ensemble, se distingue encore par une vigueur
de ton et d'exécution bien supérieure. On ne
peut reprocher à M. de Forbin qu'une chose :
c'est peut-être d'aspirer un peu trop à la dignité historique, en exagérant ses dimensions.

Ses tableaux gagneraient en vigueur dans des proportions plus resserrées. Pourquoi, suivant l'expression des artistes, veut-il faire d'aussi « grandes pages » ? Il les fait assez belles pour se dispenser de les rendre aussi grandes.

VIII.

Peinture de genre.

La peinture de genre est celle où nous pouvons déployer le plus de vrai génie, parce que c'est celle où il nous est permis de peindre d'après nature et de rendre nos impressions personnelles. Les Italiens, si vrais et si grands à la fois, n'ont fait autre chose que de peindre le genre, en ce sens qu'ils ont copié les visages de leur nation et transporté dans les cieux ces expressions extatiques dont ils trouvaient, chaque jour, le modèle dans le peuple agenouillé au sein des églises et au pied des Madones. On ne saurait donc blâmer nos peintres de se livrer au « genre », c'est-à-dire à la peinture de nous-mêmes et de nos mœurs, s'ils doivent le faire avec succès. La perfection dans une partie secondaire de l'art vaut, sans comparaison, mieux que la médiocrité dans une partie éminente, et une bonne chanson est à mes yeux bien préférable à une médiocre épopée.

Ce n'est donc pas rabaisser l'art que de conseiller aux artistes de se livrer à leur génie, de mesurer le but à leurs forces et de faire le genre s'ils ne peuvent pas faire l'histoire. Cependant, il y a des gens qui ne sont point du tout de cet avis, et, dans les arts comme en morale, on trouve des rigoristes qui s'offensent de ce qu'on veuille mettre le but plus à portée de l'humanité. Ne pas trop exiger de l'homme est à leurs yeux un outrage aux principes, et conseiller une perfection impossible, c'est-à-dire rendre les préceptes inutiles et chimériques, leur semble la plus noble, la plus sublime de toutes les morales. Pour moi, je désirerais la réalité partout; je voudrais fort qu'on ne discréditât ni la morale, ni la critique, en ne les rendant pas d'une rigueur excessive, et je voudrais que, pour cela, on ne demandât jamais que le possible. Or, si aujourd'hui nos artistes n'ont plus assez d'exaltation dans l'esprit, ou ne sont point placés dans des circonstances assez favorables pour produire ce qu'on est convenu d'appeler la peinture d'histoire, je leur dirai de faire le genre, s'ils le font bien, mais surtout de faire ce qui leur plaira; car dans les arts comme en économie politique, il faut répéter sans cesse : « Laissez faire, laissez passer. »

Quoi qu'il en soit de ces inutiles querelles, le Salon renferme un grand nombre d'excellents tableaux de chevalet, et quelques-uns qu'on peut appeler des chefs-d'œuvre. Le succès est dans les arts la meilleure de toutes les réponses.

Parmi nos peintres de genre, il en est un qui est partout présent au Salon, et qui partout s'offre avec des sujets nouveaux et une manière nouvelle; c'est M. Horace Vernet. Il vous a charmé par une marine pleine de vérité et de mouvement; il vous surprend aussitôt par une chasse, par des pestiférés, par un volcan, par des scènes de brigands; partout il répand une énergie frappante ou une grâce et un esprit séduisant; mais il joue trop avec le pinceau et la couleur; son exécution, constamment facile et brillante, manque de simplicité et de solidité, et sent un peu la manière. Néanmoins il est toujours vrai, toujours vif, et il déploie un genre d'universalité qui charme et étonne tout à la fois.

Un tout jeune homme, M. Beaume, méritera bientôt de figurer au rang de nos meilleurs peintres de genre. Il a représenté deux invalides se faisant le dernier adieu au lit de mort. L'un, étendu sur sa couche, paraît succomber sous les ans et les travaux; l'autre, assis au chevet du premier, lui serre la main et semble se séparer de lui avec un regret profond; mais on voit à ses traits, à son âge, que la séparation ne saurait être longue, et qu'il ne tardera pas à suivre son vieux compagnon d'armes. C'est là un sujet bien usé, mais la vérité est toujours nouvelle, et on la trouve partout ici, dans les attitudes, dans la pantomime, dans l'expression des têtes. Le même auteur a peint la reine Marguerite d'Écosse appliquant un baiser sur les lèvres d'Alain Chartier, endormi. Ce dernier ouvrage est aussi gracieux et aussi spirituel que l'autre est simple et touchant. M. Beaume, outre le mérite d'expression et de composition, possède encore une exécution large, facile et juste. Sa couleur seule mériterait quelque reproche ; elle n'est ni exagérée, ni luisante, défaut trop général aujourd'hui ; mais elle est un peu terne, surtout dans les deux invalides, et quelquefois elle manque de légèreté. En se donnant une couleur plus transparente, en cultivant son esprit et en se procurant, par l'instruction, de la variété dans les idées, M. Beaume deviendra l'un de nos premiers peintres de chevalet.

Mme Haudebourt-Lescot a déployé, cette année, sa fécondité et son esprit ordinaires. Quinze ou vingt tableaux, qu'on reconnaît à une extrême facilité, à un ton brillant, à une pantomime vive et expressive, à une grande verve comique, surprennent les regards dans toutes les salles du Louvre. On remarque surtout la *Servante grondée*. La jeune étourdie a laissé échapper un plat de ses mains, et son maître, se retournant sur sa chaise, la gourmande avec emportement. Cette colère du gros propriétaire, cet embarras de la jeune fille qui, les yeux fixés à terre, contemple les débris de sa vaisselle, tout cela est rendu avec la vérité la plus piquante. La touche de Mme Haudebourt n'est pas moins spirituelle que ses compositions; peut-être est-elle un peu uniforme et laisse-t-elle un peu sentir la manière. Évidemment, Mme Haudebourt a un genre à elle qu'il faut admettre avec ses avantages et ses inconvénients, pour jouir de tout l'esprit de ses compositions; c'est, au reste, une résignation très facile, quand on en est dédommagé par des tableaux aussi piquants et aussi variés que les siens.

Chacun a remarqué au Salon le *Convoi du Pêcheur,* sujet tiré de l'antiquaire, la *Paysanne alsacienne,* mais surtout la *Jeune accouchée.* Ces trois tableaux appartiennent à M. Scheffer; et lorsque, du *Gaston de Foix* et du *Saint Thomas d'Aquin,* on porte les yeux sur ces petits cadres, on est surpris de la variété du talent qui les a produits. Cependant on est frappé d'un trait commun, l'expression touchante et idéale des têtes. Voyez cette jeune accouchée, étendue sur son lit, portant sur ses traits décolorés la trace de ses récentes douleurs, serrant son enfant sur son sein et tendant une main à son époux, qui la contemple avec attendrissement : elle a oublié tous ses maux, et à travers son accablement perce la délicieuse joie d'être mère.

La tête de cette jeune femme a quelque chose de céleste; et malgré la tournure fort sotte et fort commune de son époux, malgré une couleur terne, un dessin négligé et je ne sais combien de fautes de perspective, qu'on pourrait compter sur les doigts, ce petit ouvrage est l'un des plus remarquables de l'Exposition, et l'un de ceux qui touchent le plus profondément. On se tourmente aujourd'hui pour obtenir ce genre d'effet.

La peinture de chevalet, surtout, qui voudrait suppléer à ce qui manque à ses dimensions par l'effet des sujets, a étalé sur la toile les scènes les plus affreuses. On peut, en parcourant le Salon, trouver à hauteur d'appui toutes les misères humaines : des mères en pleurs, des orphelins, des veuves, des amants malheureux, des Savoyards transis de froid, des pauvres expirant de faim; des assassinats, des brigandages ; tout *Candide* enfin est sur la toile, mais à l'esprit et à la gaieté près. Le mélodrame envahit en un mot la peinture de genre, et nous le devons à une ambition d'effet qui nous a toujours égarés. On cherche des sujets compliqués et dont la vue suffise pour toucher, à défaut de talent même. Il faut d'abord qu'on se figure que le sujet n'est rien, que le talent est tout; que le sujet, plus il est simple, plus il est pris à la nature ordinaire, plus il

est fait pour émouvoir, si les expressions sont
vraies. Lorsque M. Prudhon donna, il y a deux
ans, cet admirable tableau d'un père expirant
au milieu de ses enfants, le fait était aussi
simple que possible, et il pénétra l'âme de tout
le monde. Une femme en couche donnant la
main à son mari, voilà qui est bien simple sans
doute. Où est le mérite? dans les têtes et non
dans un drame bien compliqué.

Il y a dans une salle reculée un tableau représentant une vieille femme dans un cimetière,
seule, sur une pierre, et la tête appuyée sur la
main. Tout le drame est là, et M. de Saint-
Evres a fait un tableau déchirant; je lui dirai
même qu'il a trop insisté sur l'expression, et
que cette douleur fait mal. Je vais citer encore
un ouvrage; il est de M. Henri Scheffer, frère
du précédent. Une jeune fille, assise sur le lit
de sa mère, la regarde souffrir. Il n'y a pas une
circonstance ajoutée à celle que je viens de
décrire; mais il y a dans ce tableau des expressions si vraies, un sentiment si délicat, si
pur, qu'on partage toutes les douleurs de la
mère et de la fille. A l'idéal des têtes, à la
vérité de l'expression, M. Henri Scheffer joint
une finesse de pinceau, une transparence de
couleur, que son frère aîné est loin de posséder, et qui rappelle tout à fait la Hollande où
sont nés ces deux jeunes artistes qui ont adopté

la France, et dont la France adopte volontiers
les beaux talents.

Il faut donc répéter à nos peintres de genre
que le sujet, quelque compliqué et douloureux
qu'il soit, ne touche pas sans génie : il faut les
rappeler au propre de leur art, la pantomime
et l'expression ; qu'ils laissent au poète tragique
les circonstances aggravantes, si l'on peut dire,
qui ajoutent à l'effet dramatique d'un ouvrage ;
mais, pour eux, qu'ils s'en tiennent à placer la
douleur, non dans les circonstances du sujet,
mais sur les visages de leurs personnages. Le
poète lui-même n'est-il pas dispensé de com-
pliquer son sujet, si son expression est vraie et
simple? Y a-t-il une action plus simple, plus
nue, plus dépouillée, que celle de Paul et Vir-
ginie? Y a-t-il un poème plus touchant dans
aucune langue ?

Il reste à parler de plusieurs peintres de
genre. Il en est un dont je n'ai rien dit encore,
et dont il me sera bien doux de m'occuper, car
c'est à lui que je pensais lorsque j'ai annoncé
des chefs-d'œuvre. Ce peintre est fort jeune ;
il parcourt la campagne de Rome pour y étudier une nature dont il est ravi. Il n'y a pas
longtemps encore, il était, dit-on, en doute sur
le mérite de ses tableaux et embarrassé d'en
trouver la valeur. Maintenant on commence à
se les disputer, de jeunes émules demandent à

les acheter; l'un de nos plus grands maîtres lui
a fait l'honneur de lui en commander pour jouir
de leur vue. Ce jeune peintre est M. Robert,
auteur du *Pêcheur napolitain*, du *Brigand
mort*, des *Pèlerines endormies*, etc.

....

IX.

Peinture de genre. — MM. Robert et Schnetz.

MM. Robert et Schnetz sont en Italie; ils vont de Rome à Naples, observant la population, si naïve et si passionnée, qui remplit ces belles campagnes. Au milieu de cette nature si originale, ils ne supposent rien; ils voient, ils choisissent peut-être, mais ils n'imaginent jamais les objets; ils contemplent ces tons chauds et vigoureux, ces peaux si brunes, ce ciel si azuré, ces lignes si grandes, ces costumes si abandonnés et si pittoresques; ils choisissent les actions les plus simples, telles qu'ils les rencontrent; des pèlerins ou des pâtres endormis; des chevriers gardant leurs troupeaux; des pêcheurs chantant sur les bords de la mer; des femmes assassinées, des brigands morts; ils prennent le dessin, la couleur, la composition, l'expression, tout sur la nature; ils font d'admirables ouvrages, et, j'en suis certain, ils se tourmentent moins, ils sont bien plus heureux que beaucoup d'autres peintres qui ne font que des œuvres médiocres, avec des talents qui ne sont peut-être pas très inférieurs à ceux de MM. Robert et Schnetz. Pourquoi cette dif-

férence? MM. Robert et Schnetz ont sous les
yeux le modèle qu'ils veulent rendre; ils ne
cherchent pas un idéal inconnu; ils ne se tourmentent pas à poursuivre des abstractions de
beauté; ils font comme tous les maîtres, comme
Raphaël qui, en peignant ses vierges, copiait des
mères italiennes; comme Teniers qui, en peignant des tabagies, copiait des Flamands; ils
sont, en un mot, dans les véritables conditions
pour avoir du génie; ils se trouvent en présence de la nature qu'ils veulent reproduire.

Parlons d'abord de M. Robert. Depuis longtemps la peinture n'a rien produit de plus remarquable que les trois ou quatre tableaux
qu'il a envoyés de Rome. Le principal, pour la
grandeur et le sujet, représente un pêcheur des
environs de Naples, improvisant sur les bords
de la mer. Cette scène est l'une de celles dont
on peut être tous les jours témoin en Italie. Le
chantre populaire, assis au milieu de quelques
pêcheurs comme lui, mais sur un tertre un
peu plus élevé, les jambes croisées l'une sur
l'autre, chante en s'accompagnant d'une gui-
tare. Ses traits, qui sont de la nature la plus
exacte, ont cependant une beauté locale qui est
admirable; autour de lui, des hommes et des
femmes, couchés ou debout, écoutent son improvisation : l'une serre son enfant dans ses
bras; une autre, étendue contre le tertre sur

lequel est placé le chanteur, est dans l'attitude d'une profonde attention, et supporte sur ses genoux la tête d'une jeune fille couchée et attentive comme elle. Par derrière, d'autres pêcheurs écoutent, et deux femmes debout regardent l'Orphée napolitain, en laissant échapper leurs fuseaux. Tous expriment une satisfaction sincère et naïve comme le vrai plaisir; ce ne sont pas des connaisseurs prétentieux qui jugent, ce sont des êtres ignorants, obéissant à un instinct et jouissant de ces chants, comme ils jouissent de l'air, du soleil, de la nature tout entière.

L'arrangement est de la plus grande simplicité. Le personnage principal n'est pas en scène comme un musicien exécutant un solo sur les planches de l'Opéra; il s'est placé pour chanter, et autour de lui chacun s'est assis ou couché comme il lui convenait, pour entendre et pour voir. Les attitudes sont d'un naturel parfait. Ces grands yeux noirs et vifs, ces fronts élevés, ces visages ovales et empreints d'une douce satisfaction, tout cela est ravissant de beauté. Le peintre, pour produire ces types, n'a fait qu'imiter avec un goût élevé les modèles qu'il avait sous les yeux; et le véritable idéal ne doit être en effet qu'une belle nature copiée avec goût. Ces pêcheurs de M. Robert ont encore un caractère local qui les fait reconnaître de suite, et qui frappe ceux même qui n'ont jamais vu l'Italie; ce sont ces habitants mêmes d'Ischia, dépositaires de la beauté grecque et qui apparaissent, dit-on, aux yeux des artistes qui visitent leur pays, comme de belles statues vivantes.

A côté de cet improvisateur, voyez les *Pèlerines endormies;* voyez le brigand étendu mort sur un rocher, et sa femme éplorée, posant une main sur la blessure de son époux, et se frappant le front avec l'autre. Quelle expression dans le visage du mort et dans celui de la veuve! quelle beauté sauvage et forte! C'est ici, devant ce dernier tableau, chef-d'œuvre d'exécution, qu'il faut surtout admirer le pinceau et la couleur de M. Robert; c'est là le modèle qu'on devrait proposer à tous ceux qui peignent dans les mêmes proportions; et, sans les engager à imiter la manière de M. Robert. c'est sur elle au moins qu'ils devraient corriger leur peinture lâche ou dure, terne ou brillantée, et prendre une véritable idée de la touche facile, sans abus, et forte, sans exagération.

Parlons d'abord de la couleur. Chaque ton est d'une pureté et d'une force extraordinaires, et s'oppose à d'autres tons aussi purs, aussi forts, sans qu'il en résulte aucune crudité. Ainsi, auprès d'une carnation d'un rouge brun, se trouvera une draperie d'une blancheur sans mélange, et à côté encore une casaque bleue ou verte, d'une couleur également pure. Tous ces tons, dont aucun n'est sali par des mélanges, ni voilé par des glacis, sont cependant dans une parfaite harmonie. Aucun d'eux ne sonne plus haut qu'un autre, et tous ensemble composent un ton général d'une vigueur singulière. Le maniement du pinceau répond au traitement de la couleur. Ces couleurs pures et saillantes sont appliquées en touches vigoureuses et larges, qui ne rendent pas approximativement les objets et les contours, mais les dessinent avec une exactitude et une justesse parfaites; de manière que cette touche, large et vive, joint au relief le rendu, surprend comme la peinture vive et satisfait comme la peinture soignée. Je ne sais comment exécute M. Robert, s'il obtient ces résultats vite ou lentement, mais tel est enfin l'effet produit par sa peinture. Ces tons si vigoureux, opposés sans dureté, harmonisés sans fadeur, cette pâte vivement mais justement appliquée, tout cela compose une exécution d'une simplicité et d'une solidité admirables. Généralement, on ne se figure pas assez combien, dans les arts, l'exécution peut produire de plaisir. Le style en littérature, quand il est pur, ferme, coloré, quelle sensation ne produit-il pas sur ceux qui savent l'apprécier! Cette sensation ne résulte ni de la composition ni de son effet dramatique, mais de la justesse des moyens d'expression, de leur simplicité, de leur à-propos. Des mots, des coups de pinceau, ou des sons, se succédant avec ordre et venant chacun réveiller l'impression convenable, avec le juste degré de force et dans le moment opportun, forment un ensemble d'harmonies qui, dans la poésie, la peinture ou la musique, composent les plaisirs du style ou de l'exécution, et doivent être rangés parmi les plus grands que puissent produire les arts.

M. Schnetz ne se distingue pas aussi particulièrement que M. Robert par la couleur et l'exécution, mais c'est par la vérité et le sentiment des têtes. On blâme sa couleur, on la trouve bitumineuse et lourde, on trouve son pinceau dur, je ne suis point de cet avis, et si, dans son tableau de sainte Geneviève, ce reproche peut être fondé jusqu'à un certain point, dans ses études de tête et ses tableaux de genre, je ne désire ni une autre couleur ni un autre pinceau; je suis tout entier à l'expression, à la vérité de ces têtes, qui vous saisissent, vous surprennent comme la nature elle-même. Ce pâtre assis, les mains croisées et la tête prête à choir par l'effet du sommeil, est une de ces images qui font illusion et qui ravissent le spectateur, étonné de tant de réalité. La femme du brigand, qui écoute les coups de fusil et se saisit de son enfant, prête à le soustraire au danger, est frappante d'anxiété, d'attention, d'énergie. La femme assassinée et couchée, le visage contre terre, est un chef-d'œuvre de vérité, de noblesse et d'expression. Ce corps sans force, et dont toutes les parties pèsent sur la terre; ce visage si sauvage et si beau, si dépourvu de vie, et cependant si peu convulsif; tout cela est admirable, et je ne puis que répéter ici ce que j'ai déjà dit de M. Schnetz. A l'aspect de ces figures détachées, je reconnais le peintre supérieur, et je sens l'impression que produisent ces vieux maîtres, si vrais, si simples et si grands.

‖‖‖

X.

De la peinture d'intérieur. — MM. Granet, Bouton et Daguerre.

L'EFFET que produit la lumière dans l'intérieur des édifices a dès longtemps fixé les regards des artistes, et le genre des intérieurs a été cultivé à toutes les époques de la peinture. Dans les anciennes productions de cette espèce, l'art ne s'est attaché qu'à une exacte et fidèle imitation de la nature, et il s'y est distingué par la simplicité et la vérité des effets. Depuis vingt ou trente années, un maître célèbre, M. Granet, a donné aux intérieurs un effet poétique tout nouveau, et ce genre a excité depuis un empressement singulier. On a éclairé de mille façons des voûtes souterraines, et bientôt on a épuisé toutes les manières piquantes de faire jouer la lumière. La médiocrité a usé tous les artifices en ne s'en refusant aucun; il n'y a que la vérité unie à la grandeur des effets qu'elle n'ait pas usée, parce qu'il n'est permis qu'au talent supérieur d'y atteindre, et M. Granet est demeuré un grand artiste dans un genre que la médiocrité avait gâté, mais qu'il a su relever par des chefs-d'œuvre.

M. Granet ne s'est point attaché à faire éclater une gerbe de feu dans une masse sombre, moyen vulgaire, et dont il était si facile d'user et d'abuser. Il a su, en choisissant des sites beaux et poétiques, les rendre parfaitement vrais, y ménager le jour avec une profonde habileté, et produire d'espèces de gammes lumineuses dont la gradation est parfaite. Il a joint à la justesse de la lumière celle de la couleur; et enfin, dans ces intérieurs, si vrais et si frappants d'effet, il a placé des sujets si bien appropriés aux lieux et si admirablement rendus, qu'ils suffiraient à eux seuls pour faire de M. Granet l'un des premiers peintres de genre de notre époque.

On vante singulièrement les anciens ouvrages de M. Granet, et beaucoup de personnes sembleraient les mettre au-dessus des derniers qu'il vient de produire. Je ne sais jusqu'à quel point une pareille préférence est fondée; dans les arts, les impressions sont tellement individuelles qu'il est impossible de porter des jugements absolus, et qu'il faut laisser une grande liberté d'opinions à chacun, en demandant pareille liberté pour soi-même. Sans nier le mérite des *Capucins* et de *Stella* lui-même, je demande donc de pouvoir ranger le tableau représentant le *Dominiquin chez le cardinal Aldobrandini* parmi les plus difficiles et les plus parfaits qu'ait jamais produits M. Granet.

Le lieu de la scène est pris à Frascati. C'est le portique du Casin, qui donne sur une cour circulaire remplie de fontaines et couronnée de superbes touffes d'arbres. Dans le fond de ces arbres on voit de belles eaux couler en cascades abondantes, et venir se distribuer ensuite, par la bouche des statues et des monstres marins, dans les bassins les plus élégants. Sous le portique est placé le cardinal Hippolyte Aldobrandini, assis sur un fauteuil et entouré de sa cour. Des ecclésiastiques, des officiers, des domestiques portant des rafraîchissements, entourent le cardinal; les verres, pleins de liqueurs, circulent à la ronde, et le Dominiquin, fuyant de Naples, portant un carton sous le bras et tenant son chapeau à la main, arrive et franchit les degrés du portique. Le cardinal le regarde gravement, et le fou, personnage indispensable dans les cours de ce temps, assis à terre et sur les degrés mêmes du portique, montre du doigt l'homme de génie, et semble se moquer de la modestie de son costume et de la timidité qu'il éprouve en présence de Son Éminence.

Tel est le lieu de la scène et l'ordonnance du sujet. La beauté et la fraîcheur de cette délicieuse retraite, l'abondance de ses eaux, l'élégance de son architecture, la douceur de cette lumière qui n'arrive que singulièrement adou-

cie par l'élévation du portique et par l'épais-
seur des ombrages, la variété des personnages
composant la suite du cardinal, l'éclat et l'effet
pittoresque de leur costume, la vérité de la
scène, la gravité tranquille du protecteur, qui
ne veut point mal accueillir le Dominiquin,
mais qui souffre son embarras comme un tribut
dû par le génie à la grandeur; la modestie de
l'homme immortel et les railleries du fou : tout
cela compose un ouvrage exquis et plein de la
plus originale vérité. M. Granet peut avoir produit des ouvrages d'un effet plus sombre et
plus dramatique peut-être, mais il n'en a produit aucun où la lumière eût plus de douceur,
où la scène fût plus originale, la peinture de
mœurs plus vraie, et où l'ensemble annonçât
plus d'esprit, de grâce, de goût et fît mieux
sentir l'Italie.

On ne saurait trop admirer combien M. Granet, si riche en lumière, sait néanmoins la ménager avec sagesse et économie. C'est l'opu-
lence, vivant avec modestie et ne faisant pas
étalage de ses moyens. Le fond de cette cour
est éclairé par un demi-jour plein de charmes,
et qui suffit tout juste pour éclairer le devant
de la scène; la perspective est rendue avec une
vérité parfaite; on circule sous ce portique,
dans cette cour; on plonge dans la profondeur
de ces feuillages, d'où s'échappe cette riche

cascade ; et à la vue de cet ensemble on éprouve
la plus agréable impression de fraîcheur. Ce
qu'il faut admirer chez M. Granet, autant que
la distribution de la lumière, c'est l'extrême
vérité de la couleur, et ce qu'on peut appeler
la vigueur du ton. La localité des nuances est
rendue avec une surprenante fidélité, et jamais
on ne trouve dans son tableau, ni des tons salis
par des mélanges, ni une enluminure de reflets. M. Granet peint, si l'on peut dire, avec
des espèces de teintes plates qui s'étendent
souvent sur une grande surface, sans aucun mélange, et avec une telle uniformité de couleur
et d'ombre, qu'aucun peintre n'oserait hasarder
d'en faire autant, de peur d'être monotone ou
froid. M. Granet, au contraire, avec ce moyen,
est simple et vigoureux et vrai.

Quant à sa touche, on sait combien elle est
ordinairement spirituelle et large. On ne peut
lui adresser qu'un seul reproche ; elle est plus
négligée dans les figures que dans les détails
du paysage et des murailles, et c'est une singulière dissonance ; on pourrait même appeler
cela un défaut de perspective, car les figures,
étant sur les premiers plans, devraient être
plus détaillées que les objets qui ne sont que
sur les derniers ; mais M. Granet est si attentif
à la lumière, qu'il semble regarder les figures
comme un accessoire de ses tableaux, et qu'il

les traite avec une aisance presque cavalière,
si l'on peut s'exprimer ainsi. Cependant il a
tort; car, tout grand « éclaireur » qu'il est, je
le crois au moins tout aussi grand peintre de
genre, et je ne sache personne qui donne à
des figures un mouvement plus vrai, plus juste
et plus expressif.

On voit encore au Salon plusieurs autres
ouvrages de M. Granet : *un Intérieur* qui est
exactement celui des capucins, avec un sujet
différent; un intérieur de boulangerie, où
M. Granet, mettant de côté toute modération,
déploie une vigueur de ton extraordinaire.
Ces divers ouvrages ne diffèrent que par le
sujet, car ils sont presque tous égaux par le
mérite.

Il est d'autres intérieurs moins éminents que
ceux de M. Granet, mais d'une valeur encore
très grande. Tout le monde a éprouvé une
espèce d'illusion à l'aspect de la *Chapelle de
Holyrood,* peinte par M. Daguerre. On avait
déjà vu au Diorama ce beau clair de lune sur
les imposantes ruines de Holyrood; mais au
Salon, où tous les artifices d'optique étaient
supprimés, l'illusion n'a pas été moins grande,
et les appréciateurs du beau-faire, en s'appro-
chant du tableau de M. Daguerre, ont eu de
plus l'avantage de jouir de son exécution si
ferme, si large et si adroite dans les détails.

Il est certainement impossible de déployer sur une toile, outre le mérite d'une superbe exécution, une magie d'effet, une puissance d'illusion plus grande. Mais beaucoup de personnes se sont demandé si c'était là le genre de mérite auquel devait prétendre un tableau, et si ce n'était pas ici du « trompe-l'œil » plutôt que de la grande peinture?

Il y a dans les arts un effet singulier qui, jusqu'ici, m'a toujours paru inexplicable, mais qui n'en est pas moins réel. Le but de l'imitation étant la vérité, plus cette vérité est grande, plus les yeux devraient être satisfaits. Cependant, dès que la vérité va jusqu'à l'illusion, l'imagination est repoussée; elle semble s'irriter de ce qu'on veuille la tromper; elle semble trouver cette prétention puérile, et elle rabaisse le tableau produit avec cette intention au rang des « trompe-l'œil », espèces d'ouvrages toujours relégués dans les dernières classes de l'art. Au lieu de chercher à remplacer la présence des objets eux-mêmes, elle veut qu'on les imite, avec vérité sans doute, mais sans prétention de la tromper; et qu'à la place de ce vulgaire plaisir de l'illusion, on lui procure celui de l'idéal, c'est-à-dire du choix des objets, de leur disposition pittoresque; elle veut que, sans prétendre lui donner la nature elle-même, dont on ne peut jamais simuler entièrement la présence, on lui donne une nature de choix que la réalité ne lui offre pas toujours.

Quelque beau que soit l'ouvrage de M. Daguerre, sa grande étendue a produit sur quelques personnes l'effet des « trompe-l'œil ». M. Bouton, en peignant une ruine gothique, a moins visé à l'illusion, mais il a trop cherché le terrible. La nature du lieu, la neige, la vue de la mer courroucée, aperçue à l'autre extrémité de la voûte, une femme naufragée, tout cela est dramatique sans doute; mais il faut conseiller à M. Bouton, dont le talent sort de la ligne commune, d'imiter un peu plus la simplicité de M. Granet, et de chercher comme lui la force des effets, non pas dans la nature des sites ou dans la disposition des jours, mais dans la vérité des lueurs et la gradation de la lumière.

XI.

Tant d'objets se disputent aujourd'hui l'attention publique, qu'on peut à peine accorder aux arts la part de temps qui leur est due. Beaucoup d'ouvrages nouveaux ont paru au Salon, sans qu'il ait été possible de les mentionner et de leur rendre la justice qu'ils méritaient. Il n'a pas même été possible d'achever l'énumération de ceux qui étaient déjà exposés, et je suis en arrière à l'égard des uns et des autres. Je vais tâcher de payer, dans un exposé rapide, la dette que j'ai contractée.

Un nouveau tableau d'histoire a frappé tous les regards : c'est le *Massacre des Juifs* dans les ruines du temple de Jérusalem, par M. Heim. L'aspect singulier et terrible de ce tableau, la vue d'une femme renversée sous les pieds d'un cheval, la désolation du fond et l'incendie du temple, excitent une impression que, depuis longtemps, la peinture d'histoire n'avait pas eu l'art de produire. Je ne dissimule pas tout ce qu'un goût sévère peut justement reprocher à ce tableau; mais la froideur est un malheur si général aujourd'hui sur la toile, que, lors-

qu'on rencontre un véritable effet, on est très
porté à l'indulgence.

Les Juifs se sont réfugiés dans une partie du
temple, où ils espéraient échapper au fer des
Romains. Vain espoir, les vainqueurs y pénè-
trent et se précipitent, le fer à la main, sur la
foule désolée. La fumée de l'incendie cache une
partie de la scène, et dérobe aux yeux les hor-
reurs du massacre. Sur le devant, une femme
tenant son enfant dans les bras, est renversée
sous un cheval qui applique l'un de ses pieds
sur elle. Son époux fait un dernier effort, et,
saisissant la bride du cheval, tâche de l'écarter,
tandis que le cavalier lève sa hache et va frapper le bras qui lui résiste. Dans le fond, une
partie du temple, dégagée des flammes et de la
fumée par le souffle du vent, apparaît très dis-
tinctement, et sur tous les degrés on aperçoit
des scènes de carnage. La beauté imposante du
fond, la distribution de la lumière, l'opposition
habile d'une masse d'ombre à une masse de
clair, l'art avec lequel le massacre est déguisé
par l'obscurité d'une partie du tableau et par
l'éloignement de l'autre ; enfin, ce terrible épi-
sode qui occupe les regards et les fixe sur cette
superbe femme foulée aux pieds d'un cheval,
tout cela contribue à produire une singulière
impression de surprise et d'effroi. Maintenant,
si on examine les détails, on va trouver sans

doute beaucoup à critiquer : d'abord la couleur
ne présente qu'une grisaille, au milieu de laquelle quelques tons d'un bleu cru ou quelques
carnations blafardes se détachent avec dureté.

L'ordonnance est parfaite, mais certaines
dispositions de détail sont absolument fausses.
Le cheval, d'une longueur démesurée, ne se
tient que sur un pied, car celui qui porte sur
la femme appuie trop légèrement pour servir
de soutien; l'homme qui se saisit de la bride
pour le repousser n'est pas mieux posé, et on ne
sait comment il reste debout; enfin, il suffisait
de mettre à terre les deux pieds de derrière
du cheval et de placer la femme dessous, l'impression eût été aussi grande et la vraisem-
blance mieux conservée. Le dessin, très beau
dans la femme, est bizarre et peu noble dans
les autres personnages. On y voit une grande
prétention 'à faire saillir tous les muscles du
corps; mais ces saillies ressortent toutes comme
de petites bosses rondes, uniformes et sans caractère.

Tels sont les principaux reproches que l'on
peut adresser au tableau de M. Heim. Mais il
faut convenir que l'ensemble du groupe principal est singulièrement hardi et pittoresque,
et que la femme renversée est superbe. Son
bras, tendu comme pour repousser le danger,
sa tête, son sein, tout son corps enfin, sont

de la plus grande beauté; et l'enfant, quoique un peu raide, est jeté avec un rare bonheur de raccourci. Il y a, en un mot, dans cet ouvrage un tragique idéal, que je n'ai jamais vu au même degré dans aucun tableau d'histoire. On souhaite beaucoup, du style, du caractère sans froideur : en voilà sans contredit, et je crois qu'on pourra citer la femme renversée comme un modèle de la beauté idéale et touchante à la fois.

Après l'ouvrage de M. Heim, on peut citer encore la *Polyxène* de M. Drolling, dans laquelle une grande simplicité se joint au mérite d'une exécution supérieure, et surtout un chef-d'œuvre de M. Schnetz, le *Petit Pâtre Montalte* écoutant, en costume de chevrier et avec l'indifférence de son âge, la prédiction de son vaste avenir. Cet enfant insouciant, qui fut le profond Sixte-Quint; cette mère qui, sans y croire précisément, semble se dire « cela pourrait être »; la diseuse de bonne aventure, qui fait la prédiction avec l'assurance de son métier; ces trois personnages, si vrais, si naïfs et si originaux, semblent prouver que, sous sa simplicité apparente, M. Schnetz cache des intentions profondes. Les carnations sont admirables dans ce tableau; mais la peinture en est lourde, et quelques tons sont un peu crus. Ce tableau est un chef-d'œuvre d'expression, et de cette beauté de traits qu'on rencontre quelquefois dans certains visages et dans certains pays, beauté non pas idéale mais parfaitement naturelle et noble.

Parmi les ouvrages précédemment exposés, j'ai omis le tableau de *Louis XIV bénissant son arrière-petit-fils*, par Mme Hersent. Au sentiment profond de toutes ces têtes, on reconnaît dans Mme Hersent des conseils supérieurs et presque l'admirable talent de M. Hersent. A ce sujet, serait-il permis de demander pourquoi l'auteur de *Daphnis et Chloé*, de *Gustave Vasa*, de *Ruth et Booz*, emploie son temps à conseiller le pinceau de Mme Hersent et à nous donner des portraits? Pourquoi le peintre qui, en France, a déployé le plus de sentiment, de charme et de vérité, ne consacre-t-il pas son génie à des œuvres plus dignes de lui et de son pays ?

Il serait difficile d'énumérer encore tous les ouvrages qui méritent une mention particulière. Dans le genre, je me reprcohe d'avoir omis le *Saint Vincent de Paul*, de M. Delaroche, véritable morceau d'histoire dans des proportions resserrées ; le *Léonard de Vinci* et le *Henri IV*, de M. Ingres, morceaux précieux par les qualités les plus originales ; plusieurs ouvrages de M. de Saint-Èvres, dont je n'ai mentionné qu'un seul ; le tableau de M. de Crespy

Leprince, qui a mis à côté des vieux braves d'Austerlitz ceux du Trocadéro, et qui se distingue par une belle couleur; une foule de petits tableaux de Mlle Dervigny, digne élève de M. Lethiere, et qui répand dans toutes ses compositions une grâce et un esprit remarquables; divers tableaux fort jolis de Mlle Emma Laurent; enfin, une composition touchante de M. Vigneron, et qui a fixé tous les regards. Dans un ordre plus élevé, j'aurais dû citer M. Meynier, qui a déployé beaucoup d'expression et de vérité dans son tableau de *Saint Vincent de Paul;* M. Poisson qui, dans ses deux tableaux de *Jésus-Christ guérissant les malades* et de la *Résurrection de la fille de Jaïre*, a su trouver une composition simple, des expressions justes et une exécution sage et facile. J'aurais dû citer encore le *Saint Sébastien*, de M. Souchon, remarquable par le style et la bonne exécution; enfin, la *Nymphe Clytie*, de Mlle Sambat, dont l'idée est heureuse, l'expression touchante et le faire pur et brillant. Dans le paysage, j'ai omis de bons ouvrages de M. Guyot, qui est allé dans les Alpes étudier la grande nature, et qui a su en rapporter quelques traits dans ses tableaux; plusieurs jolies *marines* de M. Garneray, et surtout deux ou trois *paysages* de M. Aubert, que je n'avais pas encore aperçus, et qui méritent une attention particulière. L'un de ces paysages représentant une *Vue prise de la route d'Autun*, ne laisse presque rien à désirer sous le rapport de la vérité, de la perspective et de la facilité d'exécution.

Je n'aurai peut-être pas l'occasion de parler des portraits ; et en omettant des ouvrages tels que le *Portrait de la comtesse de G***, par M. Gérard, et les *Deux Vendéens*, de M. Girodet, on me pardonnera de n'en pas citer beaucoup d'autres, quelque mérite qu'ils puissent avoir. Cependant les *portraits* de M. Hersent, de l'anglais Lawrence, de M. Horace Vernet, de M. Paulin Guérin, mériteraient une attention que malheureusement on ne peut pas leur donner. Il faut rappeler, entre tous, le *Portrait de l'improvisateur Sgricci* dans lequel l'expression, pleine de vivacité et de génie, de l'original est parfaitement rendue. Ce portrait est de Mlle Godefroy, digne élève d'un célèbre maître. M. Belloc s'est aussi distingué par un *Portrait de Madame*, duchesse de Berry, qui produit l'effet d'un véritable tableau. Le naturel de la pose, la beauté de l'exécution et des accessoires, rangent ce portrait parmi les plus remarquables de l'Exposition.

La miniature a participé à la prospérité des autres genres secondaires. On en compte une multitude de très estimables et quelques-unes du plus grand mérite. On n'a pas besoin de citer les ouvrages de M. Sain; ceux de M. Singry, trop tôt enlevé aux arts, ne font qu'ajouter aux regrets que la perte de cet artiste inspire. M. Lequeutre a montré beaucoup de vérité et de ressemblance dans les siennes. Mme de Mirbel (Mlle Lecsinska) a déployé cette grâce, ce naturel exquis et cette vigueur de coloris qui ont placé, depuis longtemps, ses ouvrages au premier rang parmi ceux du même genre.

FIN.

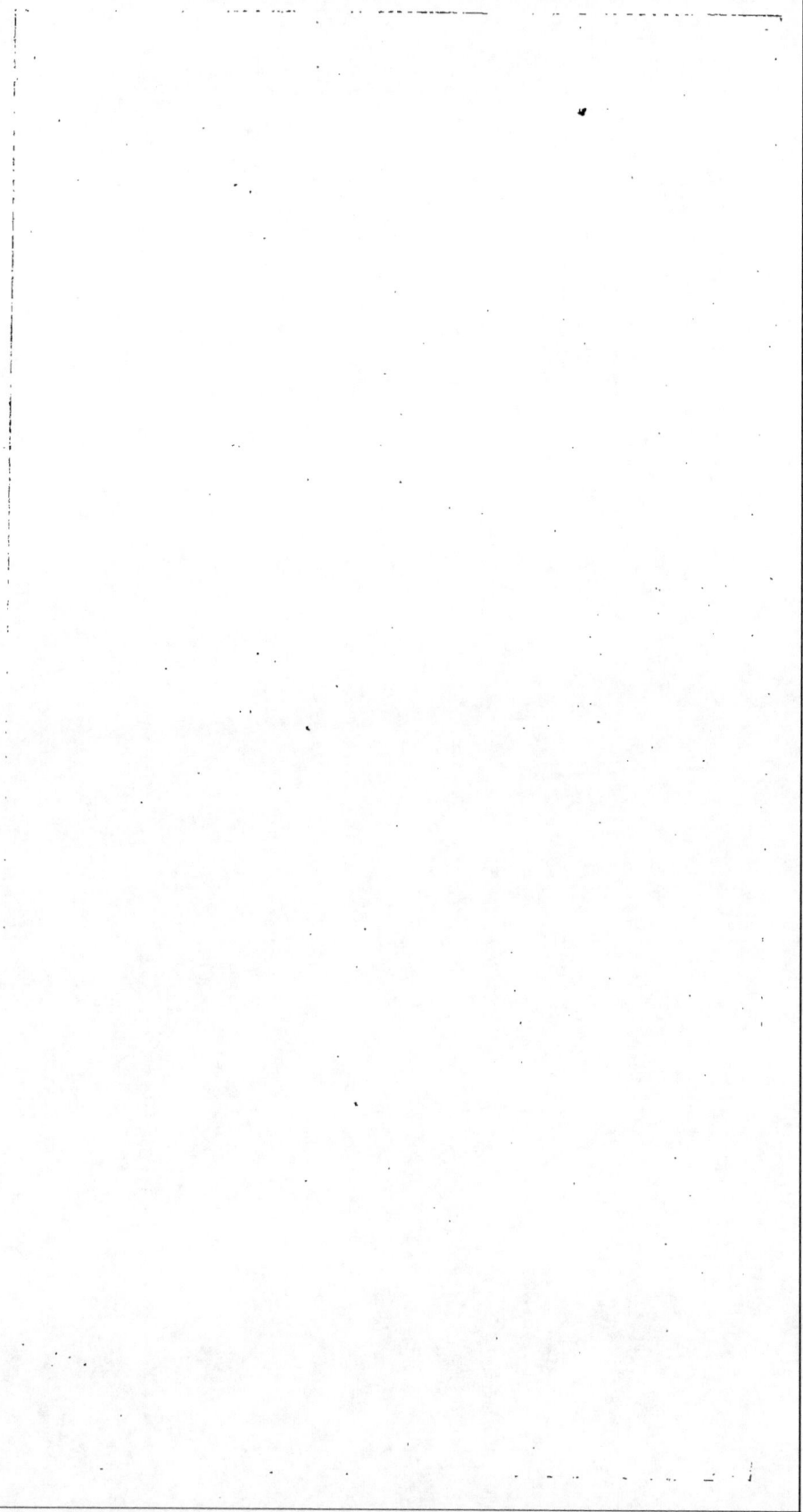

www.ingramcontent.com/pod-product-compliance
Lightning Source LLC
LaVergne TN
LVHW050631090426
835512LV00007B/782